Chopin

elementos
de pianística e
impressões sobre
a vida e obra

2ª EDIÇÃO
REVISTA E AMPLIADA

Valerio Mazzuoli

Chopin

elementos
de pianística e
impressões sobre
a vida e obra

2ª EDIÇÃO
REVISTA E AMPLIADA

LETRAMENTO

Copyright © 2024 by Editora Letramento
Copyright © 2024 by Valerio Mazzuoli

Diretor Editorial Gustavo Abreu
Diretor Administrativo Júnior Gaudereto
Diretor Financeiro Cláudio Macedo
Logística Daniel Abreu e Vinícius Santiago
Comunicação e Marketing Carol Pires
Assistente Editorial Matteos Moreno e Maria Eduarda Paixão
Designer Editorial Gustavo Zeferino e Luís Otávio Ferreira
Preparação e revisão de texto Lorena Camilo
Ilustração de capa Chopin, por Maria Wodzinska, 1835

Todos os direitos reservados. Não é permitida a reprodução desta obra sem aprovação do Grupo Editorial Letramento.

Dados Internacionais de Catalogação na Publicação (CIP)
Bibliotecária Juliana da Silva Mauro - CRB6/3684

M478c	Mazzuoli, Valerio de Oliveira
	Chopin : elementos de pianística e impressões sobre a vida e obra / Valerio de Oliveira Mazzuoli. - 2. ed. rev. e ampl. - Belo Horizonte : Letramento, 2024.
	196 p. : il. ; 23 cm.
	Inclui Bibliografia.
	ISBN 978-65-5932-460-6
	1. Música. 2. Piano. 3. Chopin. I. Chopin, Frédéric. II. Título.
	CDU: 78.07
	CDD: 780.922

Índices para catálogo sistemático:
1. Música - Compositores 78.07
2. Música - Compositores 780.922

LETRAMENTO EDITORA E LIVRARIA
Caixa Postal 3242 – CEP 30.130-972
r. José Maria Rosemburg, n. 75, b. Ouro Preto
CEP 31.340-080 – Belo Horizonte / MG
Telefone 31 3327-5771

*À Heloisa Helena Martins Luizari,
minha primeira professora de piano.*

Perguntamo-nos por que as obras do artista são imortais, por que o gênio que as produziu deve desaparecer na aurora da vida.

Albert Grzymala a Auguste Léo

Todo artista deve pagar indefinidamente, após sua morte, o ônus da própria sobrevivência. Não apenas renascer das cinzas, mas romper o cerco de uma glória asfixiante.

Camille Bourniquel

SUMÁRIO

PREFÁCIO — 11

APRESENTAÇÃO — 15

DUAS PALAVRAS — 19

À GUISA DE INTRODUÇÃO — 21

PARTE I: PIANÍSTICA CHOPINIANA — 25

PARTICULARIDADES ELEMENTARES NAS OBRAS DE CHOPIN — 27

- 27   I.   ENTENDIMENTO
- 29   II.   PRECISÃO EXECUTÓRIA
- 32   III.   PEDAL CHOPINIANO
- 40   IV.   O PIANO-ORQUESTRA
- 42   V.   CANTOS-FANTASMA
- 46   VI.   ELEMENTOS-SURPRESA
- 50   VII.   *TEMPO RUBATO*
- 57   VIII.   INFLUÊNCIA DO *BEL CANTO* ITALIANO
- 62   IX.   POLIFONIA CHOPINIANA
- 65   X.   RITMO
- 67   XI.   MÚSICA *PER SE*

OBSERVAÇÕES A UM CONJUNTO SELECIONADO DE OBRAS — 70

- 70   I.   FOLCLORE DAS POLONAISES E MAZURCAS
- 72   I.I.   AS POLONAISES
- 75   I.II.   AS MAZURCAS
- 81   II.   EXECUÇÃO DOS *IMPROMPTUS*
- 85   III.   POESIA DOS *ESTUDOS*
- 95   IV.   SINGULARIDADE DOS *PRELÚDIOS*
- 106   V.   SENSIBILIDADE DOS *NOTURNOS*
- 110   VI.   PUREZA DAS *VALSAS*
- 113   VII.   EPICIDADE DAS *BALADAS*
- 117   VIII.   DRAMATICIDADE DOS *SCHERZI*
- 123   IX.   À GUISA DE CONCLUSÃO

PARTE II: ALGUMAS IMPRESSÕES SOBRE A VIDA DE CHOPIN   125

O AMOR DA PÁTRIA (E À PÁTRIA)   127

ALBERT GRZYMALA E JULIEN FONTANA   135

RELAÇÕES COM OS EDITORES   137

EM LONDRES, O GRANDE EQUÍVOCO   142

INDIFERENÇA AO MUNDO   146

IMAGENS (FOTOGRAFIA E DAGUERREÓTIPO) DE CHOPIN   149

PARTE III: CRONOLOGIA DA VIDA E OBRA DE CHOPIN   157

CRONOLOGIA DA VIDA DE CHOPIN   159

CATÁLOGO DAS OBRAS DE CHOPIN   179
- 179   I. COMPOSIÇÕES COM NÚMERO DE *OPUS* (PUBLICADAS EM VIDA)
- 185   II. COMPOSIÇÕES SEM NÚMERO DE *OPUS* (PUBLICADAS EM VIDA)
- 186   III. COMPOSIÇÕES COM NÚMERO DE *OPUS* (PUBLICADAS POSTUMAMENTE)
- 188   IV. COMPOSIÇÕES SEM NÚMERO DE *OPUS* (PUBLICADAS POSTUMAMENTE)

REFERÊNCIAS   191

Prefácio

Falar de um livro como este, em que um apaixonado pela música e pelo piano tal qual Valerio Mazzuoli se debruça sobre determinados aspectos da vida e da obra de Chopin, é uma tarefa que mescla doses equivalentes de prazer e responsabilidade. Afinal, lidar com paixão é coisa muito séria, ainda mais quando toma o sentido de devotamento, de entrega total a um projeto de vida, a uma arte, como fez Chopin por toda a vida. Em casos assim, a consecução do projeto de vida do artista implica necessariamente disciplina e rigor levados ao extremo.

Este que também foi chamado *o príncipe dos românticos,* e que se tornou tão popular mundo afora – uma raridade em termos de música erudita –, conforme o próprio Mazzuoli destaca logo no início deste livro, foi um artista que desde cedo usou de inteligência e perspicácia em busca da glória. Consciente de seu talento, Chopin sempre soube que aquela, por direito natural, lhe pertencia. "*Tout court,* Chopin experimentou uma vida pensada e milimetricamente direcionada à glória, que lhe chegou cedo e ainda a tempo de ser sentida antes de seu precoce falecimento, aos trinta e nove anos de idade", sintetiza o autor na Introdução a este *Chopin: elementos de pianística e impressões sobre a vida e obra.*

O gênio do compositor, portanto, sempre esteve muito alicerçado no domínio técnico de seu instrumental de trabalho, razão pela qual o subtítulo do livro se desdobra em duas perspectivas complementares: "Elementos de pianística" e "Impressões sobre a vida e obra".

A primeira parte deste livro, intitulada "Pianística chopiniana", é inaugurada com o capítulo "Particularidades elementares nas obras de Chopin", em que o autor estuda detidamente os elementos-chave que marcam a estilística chopiniana, a saber: a precisão executória, o uso do pedal, as potencialidades do piano-orquestra, os cantos-fantasma, os elementos-surpresa, o *tempo rubato,* a influência do *bel canto* italiano, a polifonia, o ritmo e a música *per se.* Diferente da maioria dos compositores do século XIX, que se valiam de ideias extramusicais como inspiração para suas obras, Chopin acreditava na música pura, *per se*, é dizer, aquela que não contém títulos poéticos nem se relaciona às obras literárias ou eventos. Todas as outras características da obra do compositor polonês registram a sua genialidade na arquitetura composicional e as ferramentas que ele próprio desenvolveu para que saíssem do papel as formas concebidas.

Todo este estudo sobre as particularidades das obras de Chopin mereceu tratamento rigoroso e científico por parte do nosso autor, o que o coloca no nível dos melhores musicólogos que se lançaram a investigações congêneres. Trata-se de estudo profundo de musicologia, baseado em fontes seguras de pesquisa e em aguçada percepção musical do autor.

Outros momentos que aqui merecem destaque dizem respeito, ainda uma vez, ao encontro de perspectivas da visão dos artistas, por assim dizer, do ícone e seu estudioso, do biografado e seu biógrafo. Trata-se da questão da paixão partilhada e vivenciada a dois num tempo que demanda o intervalo de mais de 200 anos: quando as almas de Frédéric Chopin e Valerio Mazzuoli definitivamente se encontram. Nisso, afinal, reside a própria razão de ser do livro que o leitor tem em mãos, pois não tivesse Valerio tido exatamente estes *insights* sobre a vida e obra de Chopin, este livro talvez não existisse – e, caso existisse, por certo não teria alcançado a dimensão que alcançou tanto em amplitude quanto em profundidade.

Desse modo, são muitos os momentos de poesia que se podem encontrar por entre estas páginas, contribuindo para amenizar passagens mais técnicas – de técnicas musicais – e que conferem ao livro uma graça particular, garantindo o prazer da leitura. Ao falar de dois prelúdios chopinianos, o autor assim se expressa, destacando sentimentos antagônicos, embora, no campo da arte, obviamente complementares:

> Um momento de alegria aparece no *Prelúdio nº 19*, em que Chopin parece brincar no campo sob o sol, junto a várias outras pessoas. O momento é divertido – trata-se de um *Scherzo* na acepção mais particular do termo – e demonstra o prazer de estar junto de outrem, de alegrar-se e de encantar-se. Contudo, no curtíssimo *Prelúdio nº 20* – de apenas treze compassos! – há uma tristeza e um remorso profundos, verdadeiro *Zal* [palavra polonesa que significa tristeza, arrependimento e luto] a tomar conta de Chopin, muito próximo ao inconsolável, ao lúgubre e à morte, pois mistura forte emoção com tons taciturnos de impotência e desespero [no subcapítulo "Singularidade dos Prelúdios"].

Páginas adiante, dessa vez, ao falar de outra modalidade de composição chopiniana, Valerio se permite voar ainda mais alto nas asas do sentimento poético, quando destaca a beleza e a graça em forma de música, pelas mãos do mestre, num jogo cromático em que as próprias horas do dia se mesclam e se embaralham graciosamente. É o momento em que o autor observa que nos *Noturnos* de Chopin, às vezes, se vê "[...] o dia ensolarado com os campos floridos de girassóis amarelos, ainda longe do entardecer e do cair da noite [...]" – no subcapítulo "Sensibilidade dos Noturnos". Em outro momento, o autor lembra a forma singular com que o compositor conseguiu ser completamente popular sem deixar de lado o seu esoterismo em termos técnicos e estéticos, ao dizer que "[o]s *Noturnos* são a causa dessa popularidade e também desse esoterismo, pois, a um só tempo, atingem milhares de ouvintes ao redor do mundo e guardam a complexidade do íntimo, do profundo, do sensível e do espiritual."

Num livro como este, em que se faz uma panorâmica da vida e obra do compositor, na segunda parte intitulada "Algumas Impressões sobre a Vida de Chopin" o autor faz um "passeio" por aspectos que considera relevantes na trajetória do mestre, como o fato de ele "[...] ter herdado cinquenta por cento de sangue francês do pai [...]", e isso não tê-lo impedindo de permanecer essencialmente polonês. Mesmo vivendo distante da pátria, Chopin manteve até o fim um nacionalismo refinado, expresso, principalmente, nas suas fabulosas *Polonaises* e adoráveis *Mazurcas*, que "[...] continham sempre o espírito deste povo e a sua eterna saudade da Polônia distante."

Outra lembrança registrada é a da correspondência com amigos, em especial Albert Grzymala e Julien Fontana, dois personagens quase que permanentemente presentes na vida do artista, sobretudo nos anos vividos na França. Na mesma linha, trata das relações com os editores, inclusive relatando problemas decorrentes do pouco reconhecimento – financeiro e profissional – deles recebido, quase inacreditáveis se formos considerar as preciosidades que Chopin lhes entregava em mãos.

Valerio Mazzuoli, percebe-se, teve um trabalho cuidadoso e severo na pesquisa de fontes e dados, tornando este livro um suporte importante àqueles que conhecem ou pretendem conhecer a obra pianística de Chopin. Pode-se antever a leitura deste livro pelo prazer de conhecer a vida e devassar a interioridade das composições de Chopin, como também será obra obrigatória aos Conservatórios Musicais para que professores e alunos tenham melhor compreensão da pianística chopiniana.

Sua carreira como jurista e professor de Direito já o consagrou, há tempos, como uma das grandes referências no meio acadêmico, nacional e internacional. O mundo musical ganha, agora, um pesquisador qualificado, com alma e sensibilidade dos reconhecidos musicólogos. Dividamos, pois, mundo jurídico, o autor. Todos sairemos ganhando.

Fabrício Carvalho

Diretor Artístico e Regente Titular da Orquestra Sinfônica
da Universidade Federal de Mato Grosso (UFMT)

Apresentação

Não há uma só coisa no mundo que não seja misteriosa, mas esse mistério é mais evidente em algumas coisas do que em outras: no mar, na cor amarela, nos olhos das pessoas idosas e na música.

Jorge Luis Borges

O que é um clássico? Por que ler, ouvir ou assisti-lo? É de Italo Calvino a pergunta sobre a leitura do clássico, que adapto aqui para ouvir um clássico. Comecemos sobre o que é um clássico – e, aqui, refiro-me à música, à literatura, ao teatro e a tudo aquilo que podemos considerar "canônico", termo empregado a partir de sua origem grega *kanon*, que quer dizer "padrão de excelência".

Clássicos, como diria Calvino, são aqueles que "[...] exercem uma influência particular quando se impõem como inesquecíveis e também quando se ocultam nas dobras da memória, mimetizando-se como inconsciente coletivo ou individual."[1] É dizer, um *clássico* nada mais é senão aquilo que perpassa o tempo, torna-se atemporal, e está no nosso dia a dia, mesmo que inconscientemente.

A partir dessa definição, escutar Chopin serve para entendermos quem somos e aonde chegamos. Ouvir e escutar o compositor polonês é, acima de tudo, uma autodescoberta. Se somos frutos das revoluções românticas, Chopin encarna como ninguém o mito romântico: sua vida e obra são compostas por todo o imaginário que temos do herói, como a inspiração musical, a hipersensibilidade, a melancolia, o piano como confidente, os amores desfeitos, uma paixão improvável e a morte por tuberculose.

No entanto, Chopin deve ser apreciado justamente porque não é só essa reunião de características românticas. Quem o vê apenas a partir disso, perde o que há de mais admirável em sua obra: a resistência. Chopin foi contra aquilo que o cercava, e uma das provas disso é sua

---

[1] CALVINO, Italo. *Por que ler os Clássicos?* São Paulo: Cia das Letras, 1993, p. 10.

paixão pela rebelde George Sand. Sua música foi contra aquilo que veio identificá-la como clichê, contra a exaltação do sentimentalismo doentio, contra as fantasias da música de salão.

Em que, então, assenta a obra do compositor polonês? Não ter exata resposta para essa pergunta também faz de Chopin um clássico. A cada vez que o escutamos, dá-se uma nova descoberta. Chopin nunca terminou de dizer aquilo que tinha para dizer; mais do que isso, cada vez que o ouvimos, um novo Chopin ressurge – suas composições são únicas não apenas na originalidade da composição, mas a cada novo *play*. Ao ouvir Chopin, perde-se o equilíbrio e as certezas; quanto mais parece familiar, mais desnorteia. Assim, sua aparente simplicidade é, na verdade, uma lâmina afiada que penetra na alma.

Se há inúmeras peças muito conhecidas pelo grande público – ouvimo-lo até em desenhos animados, uma vez que é trilha sonora de vários episódios de *Tom e Jerry* e *Pica Pau* –, admirá-lo é familiar, mas seus desdobramentos, a construção de seu signo, colocam-nos em um labirinto. Sua música é tão imprevisível quanto seres de carne e osso, instigante em si mesmo – é a música *por si só*. Assim, retorno a Calvino: "O clássico é aquele que não pode ser-lhe indiferente e que serve para definir a você próprio em relação e talvez em contraste com ele".[2] Portanto, somos todos formados por Chopin.

Embora muito já se tenha escrito sobre o compositor, não se pode dizer que já se sabe tudo a seu respeito. O mais importante para entender Chopin é senti-lo. Para isso, é preciso ter uma alma leve, um espírito livre, pronto para capturar as mais singelas sugestões e captar sua mais oculta harmonia. E isso, posso assegurar, Valerio Mazzuoli – neste livro que tenho a honra de apresentar – tem de sobra.

> Em sua época, Chesterton dividiu a espécie humana em três grandes categorias: *pessoas simples*, *intelectuais* e *poetas*. As pessoas simples são capazes de sentir, mas não de expressar seus sentimentos; os *intelectuais* são capazes de menosprezar com perfeição os sentimentos das pessoas simples, de ridicularizá-las e de arrancar de si próprios esses sentimentos; e os poetas, ao contrário, foram agraciados com a capacidade de expressar aquilo que todo mundo sente, mas ninguém consegue dizer [...].[3]

A partir dessa classificação, Valerio Mazzuoli pertence ao grupo dos poetas – a bem da verdade, um poeta *chopiniano*, se é possível adjetivar dessa forma. Com a polifonia digna dos grandes autores, com

---

[2] CALVINO, Italo. *Por que ler os clássicos?* São Paulo: Cia das Letras, 1993, p. 13.
[3] FIORIN, José Luis. *Introdução ao pensamento de Bakhtin* São Paulo: Contexto, 2016.

didatismo, poesia e técnica – em que empresta ao seu lado jurista, e, ao mesmo tempo, rouba-lhe dele –, conjuga todas as suas vozes neste livro. Mas é muito mais do que isso: conjuga, de modo canônico, as diversas vozes que formaram Chopin.

Sob esses olhos, Mazzuoli analisa a pianística de Chopin, confrontando dados relevantes para compreender o *ethos* do compositor. Desse modo, o leitor verá nestas páginas que, em Chopin, a música basta em si, tem validade *per se*, independentemente de fenômenos extramusicais. O leitor encontrará no livro informações relevantíssimas, que corrigem dados históricos e imprecisos ou equivocados, possibilitando degustar a música de Chopin com novas percepções sensoriais.

Neste ponto, quero enfatizar como a leitura da obra me permitiu perceber uma riqueza sonora tão maior ao compreender, pelas mãos de Mazzuoli, a utilização de recursos pianísticos até então inéditos às composições, em especial os cantos-fantasma. O autor apresenta, então, os ricos recursos criados pela fonte musical inesgotável que é Chopin, e explica como interpretar essa fonte *per se*. Fá-lo como poucos poderiam fazer, pois sua experiência em interpretar cientificamente – Mazzuoli, todos sabem, é jurista nacional e internacionalmente reconhecido – lhe permite os recursos cognitivos, científicos e didáticos singulares para trazer o presente estudo a nós, cuja alma incansável em tempos tão difíceis não nos deixa desistir.

O leitor descobrirá neste livro, por exemplo, que a execução de Chopin é uma das mais complexas, senão a mais complexa, para o pianista, pois demanda profunda concentração e intencionalidade para cada nota – talvez por tal motivo, ressalta o autor, todo pianista carrega consigo, *by heart*, uma peça de piano para agradar a plateia em um *bis* ao final de um concerto, seja porque isso leva a plateia ao delírio, seja porque leva o pianista a outro nível de experiência entre ele próprio e o piano.

Se o piano é tido como um dos instrumentos mais versáteis, também isso se deve a Chopin e à descoberta da versatilidade dos pedais. É a partir de seu uso metódico e devidamente transcrito nas partituras que uma nova fase sonora – capaz de imitar, por exemplo, sinos tocando, soldados marchando, veículos se movimentando e tantas outras possibilidades – emerge para o incremento do piano.

Do mesmo modo, este livro é uma rica abertura do espírito à audição, pois, se o leitor já *escutou* Chopin, irá finalmente *ouvi-lo* ao descobrir as potencialidades do piano-orquestra, os cantos-fantasma, os elementos-surpresa, o tempo *rubato*, a influência do *bel canto* italiano, a polifonia e a própria música *per se*.

Assim, espero que o leitor, como eu, possa ter uma experiência sobretudo metafísica com a leitura deste livro; que possa ter um contato ainda mais profundo com Chopin, como uma forma de transcender e ouvir através dos séculos o que há de mais sublime na criação humana. Nesse sentido, segundo a mitologia grega,[4] nós, meros mortais, fomos considerados por Zeus seres insignificantes, cabendo a Prometeu roubar o fogo dos deuses para manter a existência da humanidade; e Chopin, podemos dizer, deu, então, a resposta por todos nós: *olha o que nós, seres tão inferiores, somos capazes de fazer*. Valerio Mazzuoli, pianista e notório especialista em Chopin, é a sequência dessa resposta. E a arte sempre será a resposta para a vida.

Ler esta obra e entender Chopin é aproximar-se da imortalidade. Parafraseio Schumann sobre Chopin – "Tirem seus chapéus, senhores, eis um gênio" – e digo sobre este estudo de meu amigo e autor: "Tirem seus chapéus, senhores, eis um clássico". E isso me retoma ao ponto pelo qual comecei: por que, então, ouvir Chopin – e ler Valerio Mazzuoli? Porque, sem dúvida, a vida é melhor do que seria sem conhecê-los. "E se alguém objetar que não vale a pena tanto esforço, citarei Cioran: 'Enquanto era preparada a cicuta, Sócrates estava aprendendo uma ária com a flauta'. 'Para que lhe servirá?', perguntaram-lhe. 'Para aprender esta ária antes de morrer'."[5]

Henderson Fürst
Editor científico do Grupo Editorial Nacional – Grupo GEN

---

[4] HESÍODO. *Teogonia*: trabalhos e dias São Paulo: Martin Claret, 2014.
[5] CALVINO, Italo. *Por que ler os clássicos?* São Paulo: Cia das Letras, 1993, p. 16.

Duas Palavras

Este livro investiga, prioritariamente, a pianística em Chopin e os elementos-chave para a compreensão de suas composições, tendo por destinatários os *já iniciados* na obra do compositor e em sua técnica. A finalidade da obra é auxiliar e complementar as análises de musicólogos, teóricos e pianistas no que tange às técnicas de execução e interpretação em Chopin, à luz de elementos colhidos ao longo de vários anos de estudos.

Aos estudantes, especialmente, a obra auxilia naquilo que se pretende ser o *mais exato* no que tange à execução e interpretação de Chopin, certo de que a verdadeira exatidão é impossível lograr, notadamente porque cada qual tem sua própria individualidade e as muitas das indicações de Chopin – veja-se, por exemplo, a questão das marcações de acionamento e soltura dos pedais – têm interpretações até hoje controversas. Contudo, isto não impede – essa é a finalidade deste livro – que se chegue o mais próximo possível do *ideal* em termos de técnica e de interpretação pianísticas.

Desde muitos anos pretendi conhecer mais a fundo a teoria da interpretação pianística e as técnicas para tal, sobretudo em Chopin. Para tanto, desde muito cedo iniciei a colheita das informações que pretendia, para o fim de alcançar o meu desiderato. Ao tempo em que colhia tudo o que ao meu alcance havia, aguardava, atentamente, que um musicólogo de língua portuguesa escrevesse este livro, para o fim de levar às escolas de música e conservatórios brasileiros o conhecimento necessário sobre a pianística de Chopin. Ninguém, contudo, o escreveu. Então, completados trinta anos de estudos sobre o tema, entendi ser chegado o momento de compartilhar com os leitores as minhas impressões teóricas sobre a pianística de Chopin, para o que esta publicação vem à luz.

As pesquisas para a conclusão do texto foram realizadas em diversos países – como, por exemplo, na França, na Itália, na Suíça, em Portugal e nos Estados Unidos – e em diversos momentos, entre a minha juventude e a vida adulta, nessa caminhada que tenho empreendido para compreender o complexo universo chopiniano. Certo de que não sou o único, não é menos verdade que muitos musicólogos não têm logrado publicar os resultados de suas investigações, para que se compartilhem com o grande público.

De minha parte, pretendi somar minhas observações musicais com as dos que se debruçaram a estudar Chopin ao redor do mundo, procurando enriquecê-las com detalhes que, muitas vezes, passam desapercebidos, tudo para que se contribua para com o desenvolvimento do tema. Tudo o que se utilizou para que esta investigação viesse à luz encontra fundamento documental, em grande parte da lavra do próprio Chopin ou de seus ex-alunos, como o leitor perceberá *prima facie*. Nada, assim, de alegórico ou fantasioso se encontra neste livro, sobretudo nos capítulos dedicados à pianística chopiniana.

Por fim, há também no livro uma segunda parte destinada a temas mais amenos, relativa às minhas impressões sobre os elementos da vida e obra do compositor. Trata-se de anotações colhidas, ao longo dos anos, aqui e ali, de cunho mais pessoal que efetivamente acadêmico. Também aqui, no entanto, as informações trazidas e/ou debatidas são documentalmente comprovadas, o que não desautoriza que sobre elas se lance uma visão – ou interpretação – pessoal dos fatos que se pretendeu comentar.

Tais anotações, frise-se, não vêm precedidas de qualquer definição "tempo-espaço" do que se versou, o que seguramente dificulta a compreensão dos não iniciados ou não conhecedores da(s) biografia(s) de Chopin. Entretanto, é possível que a obra desperte no público leigo maior interesse pela vida e obra do poeta do piano e, no iniciado, a intenção de melhor conhecer alguns dos elementos-chave de sua rica pianística. A escolha, contudo, *do que* versar nessa parte do livro coube única e exclusivamente a mim, segundo os meus particulares interesses. Dentre eles não figuraram, por exemplo, os momentos de evolução na composição chopiniana e as alterações de estrutura musical verificadas na passagem de sua adolescência para a vida adulta, bem assim, no que cabe à vida pessoal, as relações – já bem conhecidas – entre Chopin e George Sand. Tais assuntos já foram razoavelmente desenvolvidos por outros autores, estudiosos da pianística chopiniana e biógrafos. Contento-me com eles. Aqui, *tout court*, anotei o que me servia ao espírito e o que entendi por bem compartilhar com aqueles que me dão a honra desta leitura.

Enfim, espero que esta investigação traga um mínimo contributo para a compreensão da pianística em Chopin e ao conhecimento de questões de interesse sobre a sua vida e obra. Tais foram os propósitos pelos quais pretendi levar a cabo este trabalho, em tudo prazeroso!

O autor

À guisa de introdução

A vida de Frédéric Chopin é uma grande lição em cânone, em que todos os acontecimentos são contrapontados a si mesmos. Seu caminhar pessoal e intelectual revelou uma cadeia de fatos e atos menos espiralados pela sorte que pela direção segura e calculada que lhes dava o seu único protagonista.[6] *Tout court*, Chopin experimentou uma vida pensada e milimetricamente direcionada à glória, que lhe chegou cedo e ainda a tempo de ser sentida antes de seu precoce falecimento, aos 39 anos de idade.

Reconhecido por Józef Elsner como detentor de "habilidade extraordinária" e como "gênio musical",[7] Chopin completou seus estudos no Conservatório de Varsóvia em 20 de julho de 1829, momento a partir do qual tornou-se um artista completo e independente. Com menos de vinte anos de idade, Chopin conheceu a maturidade musical que muitos de seus contemporâneos não lograram chegar antes dos 30 ou 40 anos, espraiando sua arte para todo o mundo e tornando-se o compositor para piano mais célebre e genial de todos os tempos.

Para tanto, Chopin desenvolveu o seu modo de viver com alheamento às pessoas e indiferença ao mundo, é dizer, a tudo o que fosse desinteressante aos propósitos que lhe trouxeram a este planeta. Em razão disso, centrava-se única e exclusivamente em sua arte musical, não aceitando influências de pessoas ou organizações, quaisquer que fossem. Com esse estilo de viver, produziu obras musicais tão complexas quanto populares, transformando-se num ícone musical do piano a despertar imenso interesse mesmo por quem não é introduzido na arte musical. Por isso, conseguiu, com maestria, ser completamente *popular*, não obstante extremamente *esotérico*, compreendido esse "esoterismo" em seu sentido técnico e estético.[8]

---

[6] Cf.: WIERZINSKY, [19--]; POURTALÈS, 1959; BAL Y GAY, 1959; SCHLESINGER, 1968; BOURNIQUEL, 1990; BASAGOITI, 1995 e EISLER, 2005.

[7] Informação lançada pelo Prof. Elsner no boletim de Chopin.

[8] Cf.: CARPEAUX, 1977, p. 175 e WISNIK, 2013, p. 14.

Chopin, assim, é dos poucos compositores eruditos que lograram imensa popularidade em todos os tempos, não obstante sua obra ser pianisticamente complexa – quer em termos técnicos, criativos ou executórios – e circunscrita a poucos.[9] Ademais, para falar como Mário de Andrade, Chopin "[...] é dessa espécie de gênios que não só crescem com o correr dos anos e se depuram em sua significação artística, mas em certos momentos da história são como que redescobertos em sua significação humana e utilitária."[10]

Também àquela época, como no mundo atual, não era fácil alhear-se às diversas atividades diárias que consomem grande parte do dia das pessoas, desde os simples afazeres domésticos até questões que nos exigem despender todo um dia para resolvê-las. Chopin, no entanto, parecia conseguir dedicar-se quase que 24 horas ao piano, para o que usou de inteligência e perspicácia, sabedor das dificuldades de compor sem a necessária paz espiritual – e financeira.

Sua inteligência, bem usou quando se deixou abraçar por George Sand e teve, ao seu dispor, a residência de Nohant como refúgio durante o tempo necessário à finalização de suas obras de maturidade; a perspicácia, utilizou quando notou que a música para piano da época exigia uma "revolução" silenciosa que ainda não havia eclodido, e que ele inauguraria – praticamente sem concorrência, não fosse, depois, Liszt também se aperceber do fenômeno – com a descoberta do pedal e das possibilidades que dele advêm, notadamente a de sentir toda a magia dos harmônicos e de criar uma atmosfera – e um novo clima – capaz de envolver os ouvintes como, até então, nenhum compositor jamais logrou conseguir.

Assim, a perspicácia genial de Chopin e sua inteligência deram-lhe os ingredientes necessários ao seu grande sucesso musical. Chopin desenvolveu o método de fazer "falar" ao piano que outros compositores não atingiram, não obstante se esforçassem para tanto; criou uma sublime relação entre a lírica e a percussão das notas, capaz de fazer evoluir a composição pianística; deu alma e vida ao piano, tornando-o ator principal da cena musical, inclusive frente à orquestra; rompeu, enfim, com o classicismo de então e com a "pureza" sonora que o incomodava, fazendo dos harmônicos um elemento crucial de sua pianística, capaz de preencher salões inteiros com efeito sinfônico inigualável.

---

9 "Ele que em vida foi um compositor para poucos, logo se converteu num dos mais populares." Cf.: BAL Y GAY, 1959, p. 9.
10 ANDRADE, 2016, p. 80.

Certo é que qualquer um que manejar as fontes de informação sobre a vida e obra de Chopin detectará detalhes novos ou interpretará fatos já conhecidos de maneira sempre diversa. Em verdade, os interessados pela vida e obra de Chopin têm visões *próprias* sobre os temas que lhe são caros e, por isso, algum desvirtuamento pode ocorrer sobre o entendimento do que efetivamente *viveu*, *fez* e *sentiu* o mestre do piano.

Há, portanto, muita especulação sobre várias passagens de sua existência e de sua obra, mas nenhum outro material já publicado é tão real e verdadeiro quanto a sua *Correspondência*.[11] Apenas ela tem sido capaz de demonstrar, da forma mais fidedigna possível, os sentimentos e desejos de Chopin, bem assim suas necessidades e desventuras, tudo com nitidez ímpar, dado que nunca pensara Chopin que, um dia, tais escritos ficariam para a posteridade e que todos conheceriam o seu inteiro teor. Daí porque as notas tomadas sobre Chopin têm por principal fundamento as suas próprias comunicações, seguidas do que escreveram os que lhe eram próximos e, apenas subsidiariamente, conforme as impressões de seus melhores biógrafos.

Ademais, sabe-se que Chopin, antes de morrer, esboçava escrever um *Método* para o estudo do piano, do qual, porém, não sobraram mais do que fragmentos. Já próximo à morte, Chopin ordenou que o esboço do *Método* fosse legado a Charles-Valentin Alkan (1813-1888) e a Napoléon-Henri Reber (1807-1880), para que dele tirassem o necessário proveito. Suas poucas doze páginas, recolhidas por Louise Jedrzejewicz – irmã de Chopin – após a morte do compositor, dão-nos, portanto, a ideia *real* de suas intenções sobre técnica pianística, das quais não se pode furtar ao escrever sobre a matéria. Neste estudo, optou-se pela consulta desses fragmentos de *Esboço para um método de piano* estampados na obra de Jean-Jacques Eigeldinger.[12]

Por outro lado, compreender a *vida* de Chopin é condição essencial para também interpretar a sua *obra*, bem assim para desvendar detalhes importantíssimos de sua peculiar *pianística*. Esta última tem por fundamento os domínios do piano e se movimenta segundo as intenções do compositor, podendo variar tanto pelo *estilo* da composição quanto pelas *intenções* de sua realização. Essas variantes devem muito, em Chopin, à vida no exílio – da Polônia à França – e à lembrança da Polônia distante, para a qual a sua música representou uma glorifica-

---

[11] SYDOW, 2007.

[12] EIGELDINGER, 2006, p. 41 *et seq.*

ção histórica, para sempre reconhecida. Devem, também, à tuberculose que o consumiu lentamente até a morte prematura, razão de seu melancolismo e tristeza.

Em Chopin, o estudo pianístico – e de sua interpretação – é requintado e finíssimo, pois repleto de nuances e detalhes muitas vezes imperceptíveis à primeira vista, que fazem a diferença no produto final da execução e/ou da interpretação. Daí por que ser absolutamente necessário a todos os iniciados que desejam aprofundar-se no universo chopiniano conhecer essa rica pianística, seus fundamentos e características-chave.

No entanto, para que o leitor possa tirar o máximo proveito das análises que serão doravante empreendidas, recomenda-se executar ao piano os exemplos trazidos ou ouvir – trecho a trecho – as gravações dos melhores intérpretes. Contudo, a execução real dos exemplos, no próprio instrumento, é sempre mais recomendável, dada a possibilidade de repetição e audição – sem ritmo e respeito à métrica dos compassos – de trechos sensíveis que revelam os aspectos que se pretendem explicar no decorrer da obra.

Este, em suma, é um livro amadurecido ao longo dos anos com a finalidade de contribuir para com o estudo da pianística chopiniana e sua interpretação, bem como para o aprimoramento dos elementos necessários à compreensão do conjunto da obra de Frédéric Chopin.

PARTE I: PIANÍSTICA CHOPINIANA

Particularidades elementares nas obras de Chopin

I. ENTENDIMENTO

Qualquer análise que se pretenda levar a cabo sobre a pianística e interpretação chopinianas não poderá jamais prescindir dos elementos-chave que marcam a sua estilística, como, por exemplo, a precisão executória, o uso do pedal, as potencialidades do piano-orquestra, os cantos-fantasma, os elementos-surpresa, o *tempo rubato*, a influência do *bel canto* italiano, a polifonia e a música *per se*.

Há, evidentemente, inúmeros outros detalhes da pianística chopiniana a serem estudados, pelo que apenas uma análise minimalista de cada conjunto das obras – *Estudos, Noturnos, Mazurcas, Polonaises, Scherzi, Valsas, Prelúdios, Sonatas, Improvisos* etc. – poderia demonstrar precisamente o que se há de entender por "pianística chopiniana".

Uma coisa, no entanto, é absolutamente certa quando se estuda a música para piano de Chopin: todos esses elementos-chave vieram à luz pacientemente pensados, refletidos, tendo Chopin calculado e provado cada qual das experimentações inúmeras vezes, até chegar ao resultado final que passou à prova do tempo. Chopin, de fato, sabia bem que "[o] melhor dos críticos é o tempo, e a paciência, o melhor dos mestres."[13]

A primeira impressão, porém, que fica do estudo da obra completa de Chopin é o seu desligamento dos padrões classificatórios tradicionais, em que boa parte dos compositores da época tentaram se enquadrar; também se nota o seu alheamento às catalogações e às "exigências" – inclusive de seu mestre, Prof. Elsner – de construção de grandes composições, em sua maioria orquestrais – como óperas e sinfonias. Como destaca Amaral Vieira, "[s]eu pensamento musical, pouco adequado aos gêneros clássicos já consagrados, buscava formas originais que pudessem exprimir ideias artísticas de modo fiel, sem concessões a qualquer esquema escolástico [...]", razão pela qual, "[n]o processo de composição, preocupava-se em primeiro lugar com

---

[13] Trecho de correspondência de Chopin (datada de 11 de outubro de 1846) enviada à sua família, em Varsóvia. Cf.: SYDOW, 2007, p. 559.

a lógica musical, abominando a associação de suas obras com qualquer tipo de suporte programático, fosse literário ou pictórico."[14]

A pianística chopiniana é, por assim dizer, *exclusiva*, tendo o piano como instrumento central e único, que pode prescindir de toda uma orquestra para ser, ele mesmo, a própria orquestra. Tal se deu, em grande medida, pela liberdade com que Chopin se autopresenteou desde a adolescência, construindo uma linguagem só dele, em vez de servir aos seus maiores.[15] Se se comparar Chopin a qualquer outro compositor romântico, os traços característicos que nele se fazem presentes destacam-se *prima facie*, tornando-o inconfundível e autêntico.

Liszt, a esse propósito, bem observou que Chopin não se deixou levar pela tendência da época de apenas reconhecer como compositores dignos de um grande nome os que compunham, quando menos, uma meia dúzia de óperas, oratórios ou sinfonias, desvirtuando-se, portanto, desse pré-estabelecido e problemático critério, que impedia o reconhecimento sério e cuidadoso do valor do desenho provindo de seu delicado cinzel.[16]

Por isso, pode-se dizer que a obra de Chopin é exclusivamente pianística, ainda que, vez ou outra, a orquestra ou alguns de seus instrumentos se apresentem *junto* ao piano. Além do mais, trata-se de obra revolucionária, tanto em termos *formais* quanto sob o aspecto *harmônico*, contando menos com um – jamais pretendido – vigor que com uma verdadeira e necessária *profundidade*. Essa profundidade – em vários aspectos – que assaltou toda a sua obra é o *sentir* infinito da alma e do coração do artista, cuja compreensão é de dificílima captação se se desconhecem as particularidades intrínsecas de sua pianística.

Sem pretender levar a cabo uma análise completa do conjunto da obra de Chopin, parece possível expor questões importantes dessa pianística, toda própria do estilo do compositor cujo estudo ora nos ocupa. Por isso esse nosso desejo de apontar questões pontuais que

---

[14] VIEIRA, 1999.

[15] Cf.: BOURNIQUEL, 1990, p. 100.

[16] LISZT, 1945, p. 22. Nesse sentido, ver também a lição de Mário de Andrade, nestes termos: "Já vos disse que o artista é o *out-law*, o fora-da-lei, o não-conformista inato, ao qual só é possível o personalismo de estar sempre de acordo com a sua verdade pessoal. O artista é sempre um individualista irredutível, e por mais que procure repetir e obedecer, quando os decretos dos homens o obrigam a isso, se artista verdadeiro, ele irá deformar subtilmente, ele envenerá sua dádiva, ele enganará sua escravidão, impondo de qualquer forma a sua verdade." Cf.: ANDRADE, 2016, p. 88-89.

revelam a grandeza de sua técnica, não encontráveis em compositores anteriores de extrema importância, como Bach, Mozart ou Beethoven.

II. PRECISÃO EXECUTÓRIA

Os concertistas não apenas concordam como sentem fisicamente a diferença entre uma execução de Chopin e, por exemplo, de Liszt. Rubinstein, a esse respeito, dizia poder executar Liszt por horas e horas sem sentir qualquer cansaço físico, ao passo que ao final de uma *Polonaise* de Chopin – como, por exemplo, a *Op. 53*, conhecida como *Heroica* – sentia um peso e um cansaço sobre si que não guardava parâmetro. Tal, é certo, diz muito sobre a pianística chopiniana, marcada por um caminho de completude a cada compasso e na qual inexistem espaços supérfluos ou sem significação.

Em Chopin, de fato, não há notas que não sejam determinantes e não há períodos que não sejam contextualizados, levando o pianista a uma concentração sem igual de execução.[17] Até mesmo as pausas são milimetricamente calculadas, especialmente para a formação do ambiente no qual se vai desenrolar a peça. Por não haver qualquer nota negligenciável, a execução deve perseguir uma precisão tal que cada toque passa a corresponder a um verdadeiro desafio. Daí dizer-se – Rubinstein, por exemplo, sempre dizia – que a execução chopiniana é desgastante, diferentemente da execução de outros compositores, cujas peças podem apresentar certo grau de redundância e preenchimento meramente retórico.[18]

Não há concertista no mundo que não guarde em seu repertório vasta produção chopiniana; que não brinde a plateia com um *bis* de Chopin e que não registre para a posteridade – em CDs, DVDs etc. – as suas melhores execuções. A execução perfeita de Chopin é, de fato, um certificado para a glória na carreira de qualquer solista, e tal não poderia ser diferente, dada a complexidade técnica e o grau elevadíssimo de sentimento que há de ter o executor em cada compasso, em cada pausa e em cada período de qualquer peça chopiniana.[19] É possível – diz Gide, com razão – interpretar mais ou menos bem Bach, Scarlatti, Beethoven, Schumann, Liszt ou Fauré, sem que eventual im-

---

[17] Chopin não utilizava "notas de passagem", razão pela qual cada nota (única que seja) tem um significado todo próprio em Chopin, que se há de observar com precisão.

[18] Cf.: WISNIK, 2013, p. 27.

[19] Confira-se, a propósito, a afirmação de Martha Argerich, trazida por Nelson Freire, para quem Chopin é o autor mais difícil de se tocar, razão pela qual "[o]s pianistas erram nele mais do que com a obra de qualquer outro compositor." Cf.: FREIRE, 27 fev. 2010.

perfeição falsifique o significado de cada qual; mas, no caso de Chopin, qualquer imprecisão, por menor que seja, pode levar a uma íntima e profunda desnaturação da obra.[20]

Em suas aulas, o próprio Chopin indicava aos alunos que o principal era conhecer o *toque das notas* e sua *sonoridade*, para que a execução saísse a contento, de maneira precisa. O compositor advogava o refinamento do toque junto à percepção auditiva do executante, em que os braços deveriam ser escravos dos dedos, e não o contrário.[21] Em seu *Esboço para um método de piano*, Chopin dizia – e, como se nota, com total razão – que não se pode ir contra a natureza, pretendendo exercitar os dedos para que tenham igual força, pois o charme do toque está justamente na diferença motora que há entre cada qual. "Cada dedo há uma força segundo a sua conformação", dizia.[22] Tal é importante para a perfeição executória, pois um dedilhado equivocado retira a força específica do dedo correto determinante para o toque da nota em causa e, consequentemente, a sonoridade devida pretendida pelo compositor. Apenas assim procedendo se alcançará a perfeição sonora em todas as suas variantes, quer harmônicas ou melódicas, na execução das obras do nosso compositor. As preocupações de Chopin eram, como se nota, extremas no que tange ao toque – e o consequente dedilhado – e aos sons dele provenientes, para o fim de obter a pretendida perfeição sonora e as nuances dela decorrentes.[23]

Segundo Kleczynski, a teoria do estilo que Chopin ensinava aos seus alunos repousa sobre a citada analogia da música com a linguagem, é dizer, sobre a necessidade de separar as diferentes frases, de pontuar e controlar a força da voz e a ênfase de sua emissão. Assim, se uma frase musical tem por volta de oito compassos, ao final do oitavo compasso haverá marcação da conclusão do pensamento, o que na linguagem falada ou escrita se faz baixando a voz ou colocando no texto um ponto final, respectivamente; no meio, porém, desses oito compassos, isto é, dessa frase, haverá pequenas pausas, que na escrita se indica com uma vírgula ou com um ponto e vírgula. Tais pausas – continua o Kleczynski, reproduzindo a lição de Chopin – são de grande importância, pois sem elas a música torna-se uma sequência de sons sem qualquer ligação, um caos

---

20 GIDE, 1948, p. 20.

21 EIGELDINGER, 2006, p. 49.

22 EIGELDINGER, 2006, p. 52.

23 EIGELDINGER, 2006, p. 51.

incompreensível, como será a linguagem sem as devidas pontuações e nuances da voz. Dessas regras gerais, Chopin tirava a seguinte conclusão, para ele importantíssima: não se deve suspender o movimento e a voz em pequenos trechos do pensamento, ou seja, estender em demasia o pensamento diminuindo a velocidade do movimento, pois tal cansa a atenção do ouvinte que segue o desenvolvimento; se o pensamento é curto, como num *adagio*, é possível, com certo rigor, diminuir o movimento, porém jamais quando o período comportar mais de quatro compassos.[24]

Assim, as variadas nuances presentes nas obras de Chopin não podem passar desapercebidas por qualquer concertista, mesmo se o ambiente não for propício para a audição de todos os detalhes determinados na composição, contrariamente ao que se dá nos ambientes menores, sempre mais aptos à audição de sonoridades específicas e particulares de inúmeras obras chopinianas. Daí a necessidade, em primeiro lugar, do local propício para determinadas execuções, somente audíveis, em perfeição, nesses ambientes; caso o salão seja maior, ainda assim o executante deve prender-se na fidelidade do manuscrito, mesmo que com prejuízo para a audiência. Esse é o motivo de não serem recomendados certos *Noturnos* ou *Mazurcas* em algumas grandes salas de concerto, em que a sonoridade e as especificidades podem se dissipar. Tudo isso para que se compreenda bem o fraseado pretendido e os detalhes harmônicos por detrás da melodia. Não menos importante, à evidência, será a escolha do instrumento, que deve corresponder perfeitamente às necessidades da obra chopiniana, sem o que não haverá execução satisfatória. Chopin, a esse respeito, era tão criterioso que mesmo com seus alunos nunca deixava de ensinar num magnífico piano de concerto – de fabricação Pleyel – instalado em sua sala de estar, como relatado por seu ex-aluno Carl Mikuli.[25]

Não menos importante para o pianista que pretenda executar bem Chopin é atentar para a espiritualidade por detrás da composição, pelo que necessário conhecer tanto o momento em que veio à luz a obra quanto as condições – físicas e psicológicas – do compositor à época de sua elaboração, sem o que não se logra ultrapassar a fronteira que separa o *virtuoso* do verdadeiro *artista*. Somente o artista, para além do virtuoso, consegue ter a precisão necessária à execução das obras de Chopin. Certo é que a execução de tais obras é, muitas vezes, trans-

---

[24] EIGELDINGER, 2006, p. 66-67.

[25] EIGELDINGER, 2006, p. 42. Mikuli foi um prodigioso aluno de Chopin, que chegou a ser seu assistente direto.

cendente e demanda finíssima e requintada técnica, mas sabe-se já que tal não basta para a perfeita *interpretação* do que é exigido por Chopin nas composições. Além do mais, já se disse, há outras condições embrenhadas à execução do pianista-artista para a escorreita apresentação de qualquer obra de Chopin, como, por exemplo, a condição do ambiente e a qualidade do instrumento.

Há, portanto, uma conjunção de fatores que auxiliam – ou atrapalham – a precisão executória em Chopin, causadores de efeitos diversos a depender do espaço e das circunstâncias da execução. Seja como for, certo é que em termos pianísticos há uma necessidade premente de perfeição e de atendimento às determinações dos compassos, somadas a certa dose de espiritualidade e nacionalismo, sem o que, por exemplo, a performance dos *rubatos* não sairá a contento.

A precisão executória, portanto, deve ser perseguida a todo custo em Chopin, com meticulosidade e respeitando todos os detalhes da partitura, como, por exemplo, acentos, *crescendos*, ligaduras, fraseados e acionamento e interrupção dos pedais. Esse estudo compasso a compasso é estritamente necessário para que se execute com precisão a obra chopiniana, sem o que haverá, repita-se, desnaturação completa da composição.

III. PEDAL CHOPINIANO

A descoberta que Chopin fez do pedal e de suas várias possibilidades técnicas revolucionou o modo de executar o piano desde então, pois o instrumento passou a ter uma potencialidade *cantabile*, tanto lírica quanto poética, como jamais puderam imaginar os compositores das gerações anteriores.[26] A partir daquele momento, foi possível imitar, por exemplo, as ondas do mar, o balanço das árvores, as gotas da chuva, o diálogo entre pessoas, crianças brincando, animais correndo, sinos tocando, soldados marchando, veículos se movimentando etc. O pedal, assim, deixou de ser mero mecanismo de separação de harmonias díspares para se tornar instrumento de múltiplas possibilidades, permitindo, desde então, fazer do piano um instrumento ao mesmo tempo único e plúrimo, capaz de descortinar paisagens e criar atmosferas jamais anteriormente pensadas.

---

26 É muito conhecido o testemunho de Mikuli de que, graças à utilização do pedal, "[o] som que Chopin tirava do instrumento era imenso, sobretudo nas passagens *cantabile*."

Chopin, mais do que qualquer outro mestre, soube dar ao pedal uma importância ímpar, transformando-o em mecanismo imprescindível para a evolução da pianística que estaria por vir – veja-se, por exemplo, a influência exercida em compositores posteriores como Fauré, Debussy, Rachmaninoff e Scriabin. O ponto-chave dessa evolução foi a possibilidade de prolongamento das vibrações sonoras – sobretudo das cordas graves – nos modelos mais modernos de piano a partir de então fabricados, pela utilização do pedal *forte*; permitiu-se dedilhar toda a extensão do teclado sem perda sonora dos harmônicos sustentados pelo mecanismo.[27] Tal levou Chopin a desenvolver as potencialidades do pedal tanto para a sustentação harmônica quanto para o *cantabile* melódico.

Além do mais, Chopin foi o compositor romântico que mais detalhadamente marcou os pedais nos manuscritos, quer para colorir diferentemente a sonoridade, para criar novas texturas, para ressaltar ornamentos determinados ou, ainda, para conectar partes ou seções da peça.[28] Foi, por exemplo, o pedal chopiniano que influenciou Liszt na criação de seus poemas musicais que imitam fatos da vida e paisagens diversas, cuja sonoridade só seria possível de transpor ao piano por meio da utilização do mecanismo. Certo é que, em Chopin, o pedal faz parte das obras de modo inseparável,[29] inexistindo a *não pedalização* em suas composições – ainda que nelas eventualmente não haja, em uma passagem ou outra, a efetiva *marcação* do pedal.

O que Chopin ensinava a seus alunos sobre o pedal, no entanto, apenas anos depois viria aparecer nos compêndios de estudo pianístico. Ainda hoje, porém, há várias dúvidas sobre a *exata* execução do pedal chopiniano e os efeitos que dele devem advir, razão pela qual o aprofundamento do estudo do tema faz-se absolutamente necessário.

Certo é que não há uma fórmula rígida para determinar o acionamento e a soltura dos pedais, somado ao fato do uso do mecanismo variar de acordo com cada individualidade e interpretação particular que se pretenda atribuir à execução. Como destaca Kleczynski,[30] cada artista pode compreendê-lo diversamente para o fim de produzir um efeito novo, contudo, regra geral, "[c]ada emprego do pedal (falamos aqui do pedal forte) deve ter um fim que o justifique."[31]

---

27 EIGELDINGER, 2006, p. 30-31.

28 Cf.: ROSENBLUM, 1993, p. 168.

29 EIGELDINGER, 2006, p. 30-31.

30 Trata-se de um dos maiores conhecedores da prática pianística chopiniana, tendo estudado com muitos dos melhores ex-alunos do compositor.

31 KLECKZYNSKI, 1880, p. 54.

Em verdade, após apreendida a técnica do uso do pedal o pianista executa o movimento quase que sem pensar, como um motorista aciona o acelerador, o freio e a embreagem de um veículo ao dirigir. O uso da técnica no aprendizado, contudo, é importante – assim como no aprender a dirigir – para que a utilização futura – automática – não venha à luz com vícios difíceis de se corrigirem posteriormente.

Seja como for, esse novo universo e essa nova atmosfera a partir de então surgidos com o pedal chopiniano permitiram explorar uma vasta gama de sons e vibrações, para o fim de obter tonalidades e harmonias então completamente desconhecidas, criando uma atmosfera lírica e colorida como jamais se viu, como que numa "alquimia de cambiantes".[32] A percussão dos martelos nas cortas tornou-se *deslizante*, *fluente*, *transpassante*; e o novíssimo *cantabile* nasceu da "voz" que passou a ter o instrumento, inclusive dotada de "respiração" no *tempo rubato*.[33]

Toda essa técnica, contudo, é sofisticadíssima e absolutamente precisa, mais até do que se poderia pensar lendo pela primeira vez qualquer composição de Chopin e as indicações de pedal ali estabelecidas. De fato, em Chopin o pedal merece um estudo à parte, de índole científica, para além da mera indicação na partitura, dado que as marcações dizem muito menos do que o necessário, prejudicando a correta execução da obra.

Verdade é que os vários matizes produzidos pelo pedal chopiniano – quando bem utilizado o mecanismo – se entrecruzam – ligando a harmonia à melodia – de maneira surpreendente, sendo somente decifrável quando se tem a noção do todo – do período inteiro que se está a executar – e se ouve a completude do fraseado, seguindo-se menos as indicações do próprio Chopin – indicações tanto de acionamento e interrupção do pedal como de ligadura – que a sensibilidade do próprio intérprete, notadamente nos momentos cruciais de soltura – ou meia soltura – do mecanismo.

Em seus manuscritos, Chopin se utilizava dos seguintes sinais para indicar o acionamento e respectiva soltura do pedal, quando pretendia sonoridade contínua em determinado período.

Não obstante Chopin ter sido mestre – mais do que qualquer outro – na marcação do pedal, indicando com esmero os momentos determinantes, certo é que, em muitos casos, a leitura dos trechos assinalados

---

32 RUBINSTEIN, Arthur. Prefácio. *In*: WIERZINSKY, [19--], p. 10.

33 Ver o subcapítulo intitulado "Tempo rubato", *infra*.

pode levar a incompreensões. De fato, não raras vezes, a indicação de acionamento e soltura do pedal em vários manuscritos de Chopin traz, em vez de solução, verdadeiras imperfeições à correta execução do período, notadamente quando entre o acionamento e a soltura indicados há alterações de harmonia e/ou de fraseado, casos em que será necessário – para o fim de se evitarem dissonâncias não pretendidas e trazer melhor limpeza sonora ao período – um leve desligamento (ou total desligamento) junto ao (re)acionamento imediato do mecanismo, às vezes em meio pedal, um terço de pedal ou, até mesmo, com pedal trêmulo. Esse é um dos motivos, frise-se, pelos quais Schumann constantemente marcava *Ped* – ou *col Ped* – apenas no início das seções, deixando ao executante a liberdade para soltá-lo quando entendesse por bem.[34]

Por sua vez, também as indicações em trechos com várias notas ou vários ornamentos não traz precisão ao entendimento daquilo que seria realmente *correto* em termos de acionamento e soltura do pedal, pelo que se pode concluir que Chopin os indicava atribuindo-lhes importância *menor* no manuscrito, não obstante a sua enorme relevância *na execução* da composição. Ademais, à vista de muitas indicações de Chopin no manuscrito, o pedal deveria ser acionado por longo tempo no fraseado, sem indicação de soltura, tornando ainda mais complexa a execução do fraseado. Como se não bastasse, verifica-se, em várias edições, marcações de pedais com diferenças significativas, em tudo díspares, dificultando ainda mais o consenso sobre as reais pretensões do compositor.

Seja como for, o pedal chopiniano ainda é revestido de mistérios até os dias de hoje, pelo que cada pianista poderá, nos compassos duvidosos ou sem indicação, executar o mecanismo à sua maneira, seguindo o que o seu sentimento musical determinar para a performance do período respectivo. Trata-se de uma solução que não encontra óbice na literatura pianística de outrora ou contemporânea, dado que o entendimento contrário engessaria qualquer interpretação.

Por mais que as indicações sejam verdadeiras e pontuadas, ainda que com imperfeições, certo é que *há* certa liberdade interpretativa no uso do pedal e na ambientação sonora, especialmente quando o executante depende de fatores exógenos à execução e à respectiva interpretação, como, por exemplo, a acústica local, o tamanho do ambiente, o número de pessoas na plateia, a ventilação e o modelo do instrumento.

---

34 Cf.: KLECKZYNSKI, 1880, p. 57 e ROSENBLUM, 1993, p. 165.

Em termos práticos, sabe-se que o próprio Chopin – há vários relatos de ex-alunos nesse sentido – sincopava o pedal – é dizer, o acionava após o toque e soltava na harmonia subsequente, com reacionamento imediato do mecanismo, criando um *legato* pelo uso do pedal – em trechos em que a marcação determinava o acionamento contínuo, deixando a sonoridade menos cansativa e as harmonias, consequentemente, mais destacadas. Essa técnica, como se nota, difere do tradicional pedal rítmico, pela qual o acionamento e soltura do pedal ocorrem, respectivamente, no primeiro ataque e antes do ataque subsequente – com novo reacionamento *junto* ao segundo ataque.

No caso da utilização do pedal rítmico em trechos marcados com pedal contínuo, não haveria, seguramente, o *efeito* pretendido por Chopin na composição, pois haveria "quebra" rítmica em lugar inapropriado. Daí a técnica do pedal sincopado, que *liga* uma harmonia à outra – tal se pode nominar de *legato harmônico* – e possibilita o sequenciamento contínuo da execução sem quebras e/ou paradas sonoras.[35]

Em outras composições, porém, Chopin induz à marcação do pedal rítmico, caso em que esta deverá ser respeitada. Aqui, se está a referir apenas os casos em que a marcação é *continuada* no manuscrito, havendo alteração harmônica – ainda que ligeira – no decorrer do período. Em casos tais, repita-se, o pedal sincopado – como fazia Chopin muitas das vezes – resolveria a questão, pois ligaria as harmonias diferenciadas por meio do *legato* em pedal.

Por outro lado, é de se lembrar que a marcação carregada dos pedais nos manuscritos originais de Chopin levava em conta os pianos do início do século XIX, que sustentavam bem menos os harmônicos que os pianos atuais, razão pela qual a indicação do pedal deveria ser, efetivamente, mais acentuada.[36] Sabe-se, por exemplo, que nos pianos Pleyel a ação das teclas era mais leve e controlável – por isso, era o preferido de Chopin – e que os pianos Erard – preferidos por Liszt – produziam sonoridade mais

---

[35] A partir de 1874-1875, com os pianos Steinway, surgiu também o *pedal tonal* (ou pedal *sostenuto*) como nova modalidade sonora, pela qual é possível manter uma nota ou acorde em sonoridade contínua enquanto as demais teclas do piano ficam livres para a execução que se pretenda, sem a(s) nota(s) sustentada(s) causar(em) qualquer influência nas demais. Apenas depois do século XX, porém, os compositores iniciaram em suas obras a utilização do pedal tonal, tal como se vê em Copland (por exemplo, nas *Piano Variations*), em Berio (por exemplo, em *Sequenza IV*) e em Villa-Lobos (por exemplo, em Mulatinha, Prole do Bebê, nº 1). Sobre o tema, Cf.: WOLFRAM, 1965, 45p.

[36] Cf.: HINSON; BANOWETZ *in* MARUN, 2015, p. 178.

agressiva e potente; contudo, em ambos a ressonância dos harmônicos era sobremaneira mais fraca se comparada à dos pianos modernos, que sonorizam com brilho e intensidade muito maiores, o que justificava a carregada marcação dos pedais nos manuscritos.[37] Essa constatação é importante e deve ser levada em conta quando se pretende interpretar Chopin nos dias de hoje, com os pianos – e as funcionalidades – que se têm à mão.

Por sua vez, nas marcações de *pedal contínuo* feitas em momentos de *pausas* ou *staccatos* é também necessário adaptar o acionamento do mecanismo pelo uso – no mínimo – do meio pedal, salvo se a intenção for a de expandir a ressonância de harmônicos não confundíveis; ou pelo uso do pedal *una corda*, quando houver (*a*) alteração súbita de harmonia, (*b*) notas únicas de finais de frase, (*c*) transcrições (para maior expressividade do período) ou (*d*) realce dos diferentes timbres entre o acompanhamento e a melodia.[38]

Assim, ao mesmo tempo em que não se deve ignorar as diretrizes de Chopin na utilização do pedal, há que se adaptar a sua utilização – por exemplo, com soltura e novo acionamento do pedal, ou usando o meio pedal ou o pedal trêmulo – para os períodos em que possa haver mistura indesejada de harmonias, capaz de afetar a limpidez necessária à perfeita sonoridade do período.[39] Deve-se sempre levar em conta que os pianos atuais são absolutamente distintos, em termos de amplitude de sonoridade, dos pianos do início do século XIX, cuja expansão harmônica era sobremaneira menor.

A mistura harmônica, contudo, pode ser eventualmente *desejada* na execução de determinada peça, caso em que, por menor que seja a duração do acionamento do pedal, pode surgir uma sonoridade sobreposta interessante, às vezes com um colorido inaudível caso o acionamento do mecanismo seja interrompido. Assim, apenas verificando caso a caso a necessidade de acionamento maior ou menor do pedal, é que se poderá definir a melhor forma de sua utilização.

Portanto, a utilização precisa do pedal deve levar em conta cada período junto às reais intenções do compositor, sem o que será indesejada a respectiva performance. À evidência que tudo está a depender do conhecimento musical do executante e de sua sensibilidade auditiva, somados à marcação de desligamento do mecanismo – após a nova harmonia

---

[37] Cf.: ROSENBLUM, 1996, p. 46-47.

[38] MARUN, 2015, p. 183.

[39] Cf.: VOGAS, 2014, p. 65 e 132.

"penetrar" na outra – indicada na partitura. Faltando indicação, certo é que a prudência indica a utilização tradicional do pedal, pela soltura do mecanismo em momento imediatamente anterior à alteração harmônica. Assim se preza pela limpidez necessária à execução das obras de Chopin, sem o risco de ingressar em terreno arenoso e de difícil escapatória.

Dificuldade executória se apresenta, porém, quando é necessário dominar o *pedal forte* e o *pedal una corda* concomitantemente, como fazia Chopin – seus ex-alunos também são firmes nessa afirmação – para equilibrar a sonoridade, contrastá-la ou alterar o timbre de trechos importantes em linhas melódicas sutis, razão pela qual Chopin era tido como mestre inigualável no domínio dessa virtuosa combinação.[40] Destaque-se, no entanto, que Chopin não costumava marcar *una corda* na indicação do pedal, não obstante assim o executasse na prática – à exceção das partituras do *Noturno Op. 15, nº 2*, pertencente à sua irmã Louise e à sua aluna Jane Stirling; a marcação, no entanto, aparece, vez ou outra, na Edição Nacional Polonesa das obras de Chopin, inserida propositadamente pelos editores.[41] Destaque-se, porém, que Chopin recomendava aos seus alunos que diminuíssem a intensidade do toque sempre *pelo próprio toque* quando do aprendizado das composições, para não "facilitar" o trabalho desde já, utilizando o pedal *una corda* apenas depois.[42]

Muitas vezes, também, Chopin não fazia indicação do uso do pedal em trechos longos da partitura, indicando-os em apenas algumas passagens. Em inúmeros *Noturnos* – veja-se, por exemplo, a edição dos *Noturnos* considerada definitiva, publicada pelo Instituto Frédéric Chopin da Polônia – não há indicação de pedal em várias passagens, certo de que, nesses trechos, eles são absolutamente indispensáveis. Qual o motivo para tanto? A explicação do Comitê Editorial é a de que, em casos tais, ou a marcação do pedal é muito simples e, por isso, evidente a qualquer pianista, ou, ao contrário, tão complicada que seria impossível indicar. Em ambos os casos, dizem os membros do Comitê, o uso do pedal é muito delicado e, portanto, muito individual, a depender de vários fatores, como, por exemplo, o modelo do instrumento, o toque, o tempo ou a acústica local.[43] Para nós, têm

---

[40] Cf.: ROSENBLUM, 1996, p. 42; e EIGELDINGER, 2006, p. 85.
[41] VOGAS, 2014, p. 71.
[42] EIGELDINGER, 2006, p. 84.
[43] PADEREWSKI, I J.; BRONARSKI, L.; TURCZYNSKI, J., 1980, p. 107.

razão os membros do Comitê Editorial e não os que sugerem que a falta de marcação do pedal decorreria da vontade de Chopin em ver contrastados trechos com pedal e sem pedal.[44]

Certo é que nada desse universo se compara à música produzida pelas gerações anteriores, como, por exemplo, as sonatas barrocas ou, mais à frente, às de Mozart ou Beethoven. De fato, se se toma como exemplo a música para piano a partir de Mozart, percebe-se facilmente tratar-se de um *meio-termo* entre o cravo e o piano, em que as teclas têm função cravística e o pedal funciona apenas como sustentação de pequenas frases, fazendo "evoluir" o cravo que Mozart buscava empreender no piano.[45]

Por sua vez, a partir de Chopin – assim como também em Liszt – o piano se torna um contador de histórias de sabor real, com personagens – atores e cantores – e ilustrações, além de cênica absolutamente própria, não obstante Chopin preferisse – à diferença de Liszt – a cênica mais abstrata que imitativa. Seja como for, esse *pedal* mágico tornou possível, em Chopin, ressoar harmônicos em distintas intensidades e fazer o piano cantar, inclusive com pausas respiratórias, algo impensável na literatura pianística de então.

Em suma, o pedal chopiniano permitiu ao piano a ressonância necessária à criação de toda a atmosfera chopiniana. De fato, como observa Wisnik, além de ser um instrumento ao mesmo tempo melódico, polifônico e harmônico, por permitir ao compositor fazer soar concomitantemente blocos de acordes e vozes melódicas entrelaçadas, o piano é notadamente instrumento *ressonante*: a partir de uma nota soando na região grave, todas as demais notas afins ao longo da harpa também vibram – ou se calam – a depender do uso do pedal, certo de que esse duplo dispositivo de liberação e contenção sonora permite potencializar os efeitos harmônicos, controlando-os e intercambiando-os com precisão.[46]

Sua utilização, contudo, deve ser metodicamente estudada para que não se obtenham efeitos indesejados na execução das atmosferas pretendidas por Chopin, sobretudo quando há *cantabiles* no período em exame.

---

[44] ROSENBLUM, 1996, p. 41.
[45] Cf.: DAL FABBRO, 1951, p. 30.
[46] WISNIK, 2013, p. 25.

IV. O PIANO-ORQUESTRA

A partir de Chopin, o piano se transformou em "orquestra" de ricas e plúrimas possibilidades, capaz de fazer trabalhar a percussão – na mão esquerda – concomitantemente a um canto lírico e a um diálogo entre interlocutores – na mão direita – e vice-versa. É, de fato, sequer necessário ser iniciado na arte musical para compreender claramente essa nova fórmula, na qual o piano existe *por si só* como orquestra completa e de recursos ilimitados. Dessa inovação se aproveitou Lizst, desenvolvendo-a, anos mais tarde, em suas composições de maturidade – lembre-se que Liszt viveu 37 anos a mais que Chopin.

Antes de Chopin, os compositores não haviam ainda explorado todas as possibilidades do instrumento, bem assim os construtores de piano – como Pleyel e Erard – desenvolvido novas potencialidades para o instrumento. A Casa Erard, por exemplo, havia desenvolvido – em 1821 – novo mecanismo de escapo duplo, que permitia notas repetidas e trinados muito mais velozes do que antes.[47] Certo é que o piano, a partir de Chopin, cada vez mais substituía os instrumentos integrantes da orquestra – e a necessidade de se *ter* uma orquestra para se fazer música – para ser a *própria orquestra* em forma de instrumento único, agora com potencialidades sonoras ainda maiores. Daí, então, nasceu o *piano-orquestra* chopiniano, de sonoridade com amplitude sinfônica e capaz de trazer a "orquestra" para dentro dos salões menores e das *soirées*.

Esse "enriquecimento" da pianística a partir de Chopin e dos instrumentos fabricados desde então trouxe para as composições românticas – e para as posteriores – novíssimo colorido em termos estilísticos, notadamente pela progressão dos acordes e expansão dos harmônicos. As tessituras do piano se ampliaram sobremaneira e um efeito propriamente orquestral emergiu, possibilitando, a um só tempo, prescindir da orquestra sem deixar de tê-la por perto.

Como exemplo dos efeitos do piano-orquestra chopiniano, tome-se a abertura do *Scherzo nº 2*, em si bemol menor, em que Chopin utiliza grandiosamente as várias possibilidades técnicas do piano – ataque, brilho, intensidade etc. – com dimensão sinfônica, em que "[...] um curto motivo inicial, misterioso e insinuante, baseado em quatro notas arpejantes e oitavadas em *legato pianíssimo*, cercado de silêncios milimetricamente medidos, é rebatido pela irrupção estrondosa de graves percutidos, grandes blocos de acordes e arpejos varrendo de alto

---

[47] TEMPERLEY, 1989, p. 55.

a baixo o campo de tessitura, completados por escalas ascendentes e descendentes que conduzem a uma *apassionata* melodia cantante."[48]

Apenas o referido motivo inicial, envolto em completo mistério, as pausas em tempos calculados e os nervosos acordes que preparam as escalas ascendentes e descendentes que seguem e conduzem à bela e apaixonada melodia posterior já são, por si só, emblemáticos dessas potencialidades desenvolvidas sem precedentes na obra chopiniana.[49]

Esse é um excelente exemplo de como o piano pode ter potencialidades sinfônicas e de como é possível ambientar a orquestra para dentro do piano, sem necessidade de recíproca. A mesma intenção se repete em inúmeras peças chopinianas, as quais resumem a orquestra nos timbres e sonoridades do instrumento de forma inigualável.

A partir desse momento, permitiu-se – com a utilização precisa do pedal para a sonorização dos harmônicos – aos salões menores comportar o que somente as grandes salas de concerto permitiam, em termos de sonoridade sinfônica. Como se sabe, Chopin tinha profundo conhecimento – teórico e prático – dos harmônicos, sabedor de que as harmonias ou se complementam – e necessitam *vibrar* com o acionamento do pedal – ou se contrapõem, e que no caso de complementação era perfeitamente possível ambientar uma "orquestra" para dentro do piano, dado o alargamento da(s) sonoridade(s) pretendida(s). Daí emergiu o sucesso da música de Chopin nos ambientes menores e a construção de sua música para esses exatos ambientes.

---

48 WISNIK, 2013, p. 27.

49 Em paralelo, conferir: KLECKZYNSKI, 1880, p. 12.

Essa invenção pianística, inaugurada por Chopin, contribuiu enormemente para o desenvolvimento técnico dos pianos, que passaram, desde então, a contar com maior extensão do teclado, melhor precisão da mecânica e resposta mais ligeira ao toque.

Em suma, Chopin soube aproveitar cada qual desses detalhes para a criação de sua "atmosfera orquestral", em que o piano – no papel de *orquestra* – acompanha o próprio piano – no papel de *solista*: efeito mágico que une num só instrumento efeitos até então possíveis pela ação de um conjunto instrumental.

V. CANTOS-FANTASMA

Chopin, repita-se, foi mestre na utilização de recursos pianísticos jamais utilizados por compositores de sua geração e das anteriores. Trouxe para o piano o *bel canto* italiano – como se verá oportunamente – e fez do teclado um instrumento em tudo *cantabile*.

Esses "cantos" podem ser, em Chopin, principais – a própria melodia – ou secundários, estes últimos se perfazendo *entre* a melodia principal e a harmonia, escorregando por entre ambas. Trata-se de uma linha intermediária que, de um segundo a outro, simplesmente "aparece" em meio ao canto principal e o contraponta ou o complementa, às vezes, até mesmo, desviando a atenção da *voz* que age como solista. Tal é um recurso que merece ser analisado e que complementa as investigações sobre a polifonia chopiniana: os *cantos-fantasma*.[50]

Observe-se, por exemplo, o detalhe sutil que se nota em obras como a *Balada nº 1*, em sol menor, em que Chopin acrescenta à melodia principal um fio melódico autônomo proveniente da harmonia, como se um observador externo penetrasse no canto e fizesse sobressair *terceira* linha melódica a partir da harmonia. Essa terceira linha – nominada *canto-fantasma*, dado o seu aparecimento repentino – ou nasce a partir de notas acentuadas da harmonia ou de notas autônomas saídas também do conjunto harmônico.

Perceba-se, nos compassos abaixo, a sequência decrescente de *ré bemol*, *dó bemol* e *si bemol* na linha intermediária, a formar um canto completamente autônomo e, aparentemente, desconexo com o gracioso motivo principal, a complementá-lo de maneira reflexiva e, de certa maneira, misteriosa. Interpretação perfeita dessa passagem

---

[50] A expressão é de nossa lavra, aparecida pela primeira vez em: MAZZUOLI, 2019, p. 60.

encontra-se na execução de Horowitz no concerto televisionado do *Carnegie Hall* de 1968.[51]

A mesma ideia se repete no emblemático *Noturno Op. 27, nº 2*, em ré bemol, no primeiro retorno ao tema principal, quando novamente se entra *a tempo*. Aqui se percebe uma ligeira alteração no quarto compasso (desse retorno) em comparação com o quarto compasso do tema inicial, em que Chopin ordena iniciar *dolce*. No retorno *a tempo*, Chopin exige seja o tema melódico executado *cantando* – além, evidentemente, de *dolce*, como na introdução – e, no referido quarto compasso, acrescenta uma linha de escalada singular – *ré bemol, ré bequadro* e *mi bemol* – provinda da harmonia, bem marcada e firme, criando nesse pequeno trecho um canto *singolo* formidável.

Certo, porém, é que a maioria dos editores desse *Noturno* – por exemplo, dentre várias, a edição Urtext – não acrescentou nos dois respectivos compassos o pequeno canto de três notas, como foi a vontade do compositor. Contudo, com uma ou outra variação – pela utilização de *semínimas*,

---

51 HOROWITZ, Vladimir. Ballade nº 1 in G Minor, Op. 23. *The Complete Masterworks Recordings*, v. 4: The Legendary 1968 TV Concert.

como no exemplo acima, ou *colcheias*, como em outras estampas – o canto se encontra em edições como as de Pachmann e do Instituto Frédéric Chopin da Polônia, revisado, *inter alia*, por Paderewski. Também se ouve a execução correta do trecho pelos melhores pianistas do mundo, como, por exemplo, nas antológicas interpretações de Arthur Rubinstein.

Chopin soube como ninguém contrapontar diversas linhas melódicas com cantos cruzados, dada a grande influência de Bach em seus estudos, especialmente dos dois volumes de *O cravo bem temperado*. Esse complexo polifônico bachiano acompanhou Chopin desde os seus tempos de estudante em Varsóvia, e também durante a vida profissional, sendo conhecido o fato de que Chopin os executava antes dos concertos, para fins de aquecimento.[52] Dessa influência nasce, no entanto, uma polifonia completamente própria, a que se pode nominar *polifonia chopiniana*.[53] Não tardaria, portanto, para que desses contrapontos viesse à luz a ideia dos cantos-fantasma – não presentes nas obras de Bach – e seus múltiplos desdobramentos, notados em Chopin especialmente a partir das obras de maturidade.

No citado *Noturno Op. 27, nº 2*, em ré bemol, o pequeno *canto* de três notas não somente provém da harmonia, como, incrivelmente, a complementa, dado o acento e o tempo de permanência sonora da semínima – ou da colcheia, a depender da edição. Estando *na* harmonia, o canto-fantasma complementa *a própria* harmonia de modo renovado, pelo que deve o executante, efetivamente, fazê-lo "aparecer". No exemplo – e edição – que citamos, não fica qualquer resquício de dúvida sobre o que se está a afirmar, em razão de estar ali estampada uma *semínima* – que se há de executar com o *valor* de semínima – e, como se não bastasse, *acentuada*.

Perceba-se que os cantos-fantasma em Chopin vêm sempre inseridos em linhas *intermediárias* entre a melodia e a harmonia, não obstante serem sempre desdobramentos – "braços" – da própria harmonia. Para além da melodia principal, de repente, aparece saltando da harmonia – pouco importando se a harmonia está na mão esquerda ou na direita, como não raro ocorre – uma linha central que "canta" em meio àqueles níveis sonoros, ainda que, a rigor, sempre muito brevemente. É, contudo, completamente misterioso o porquê da inserção desses *cantos* em períodos tão específicos do desenvolvimento temático, bem

---

[52] Cf.: EISLER, 2005, p. 79.

[53] Ver o subcapítulo "Polifonia chopiniana", *infra*.

assim em momentos tão curtos – por exemplo, em pouquíssimos compassos, como se viu – durante as respectivas peças.

Por outro lado, a falta dos *cantos* – dos aqui citados e de tantos outros – em diversas edições deve-se ao fato de Chopin ter, à época, editores distintos em vários países, especialmente na França, no Reino Unido e na Alemanha. De fato, Chopin enviava simultaneamente os manuscritos a Brandus – depois Schlesinger – em Paris, Wessel em Londres, e Breitkopf & Härtel em Leipzig, com três cópias manuscritas de cada obra; além do mais, Chopin não gostava de transcrever as cópias dada a fadiga que lhe trazia, para o que constantemente solicitava o auxílio de Julien Fontana.[54] Ademais, além das (re)cópias serem tomadas com certa pressa, também houve a influência de revisores – das próprias casas publicadoras – que, inadvertidamente, deixavam passar detalhes mínimos e sutis colocados à mão por Chopin em seu original, o que só veio, posteriormente, anos depois, ser ajustado, notadamente pelo Instituto Frédéric Chopin da Polônia, com o auxílio de Paderewski. Assim, são constantes as disparidades entre as versões francesa, inglesa e alemã dos originais de Chopin, dada especialmente a falta de revisão técnica dos manuscritos e/ou a influência dos revisores nos originais para o fim de "correções".

Exemplo singular dessa "correção" inadvertida é a sempre lembrada harmonização de quarta e sexta sobre o *ré*, no oitavo compasso ao final da frase introdutória da *Balada nº 1*, presente erroneamente em várias edições importantes, no lugar do *mi bemol* dissonante desejado por Chopin.[55] Essa é apenas *uma* dentre as inúmeras diferenças presentes

---

54 TEMPERLEY, 1989, p. 83.

55 Sobre o assunto, leia-se, a propósito, o relato de Guy de Pourtalès: "Particularidade curiosa: no princípio da *Balada*, no último compasso da introdução, em certas edições, se vê um *ré*, evidentemente confundido com um *mi* [bemol] ulteriormente corrigido. Saint-Saëns escreve, a propósito: 'Este *mi* substituído dá um acento doloroso inteiramente de acordo com o caráter da obra. Seria um erro de gravação? Seria a intenção primitiva do autor? Esta nota determina um acento dissonante, de efeito imprevisto [aqui está, também, o *elemento-surpresa* que se vai tratar no tópico seguinte]. Ora, as dissonâncias, hoje rebuscadas como preciosas, eram então detestadas. De Liszt, a quem interroguei a este respeito, obtive esta resposta: Eu gosto mais do *mi* bemol... Por esta resposta evasiva, deduzi que Chopin, tocando a *Balada*, fazia ouvir o *ré*. Mas fiquei convencido de que o *mi* bemol teria sido sua primeira ideia, e que o *ré* lhe fosse aconselhado por amigos receosos e mal avisados'. Reproduzo esta circunstância para os que gostam de buscar as fontes, para os que gostam de surpreender nos corações não só, e sempre, os sons mais suaves, mas os mais verdadeiros. Estes compreenderão a sutileza." POURTALÈS, 1959, p. 80-81.

em edições importantes das obras de Chopin. Por exemplo, entre as edições *Salabert, Meissonnier, Wessel & Co.* e *Breitkopf & Härtel* da *Sonata Op. 58*, há inúmeras ambiguidades editoriais, como sustenidos em algumas notas e bequadros em outras, além de divergências sobre indicações de *crescendo, legatos* e relativas ao acionamento e soltura dos pedais.[56] Além do mais, as três coletâneas da música de Chopin que foram publicadas na Alemanha – em torno de 1880 – por *Breitkopf & Härtel, Kistner* e *Peters* – como observa Temperley – sofrem por essa incerteza em relação às fontes manuscritas, dado que cada qual se utilizou de manuscritos e edições que não estavam disponíveis às outras, certo de que nenhuma delas baseou-se num exame minucioso de todas as fontes; daí as edições *Kalmus* e *Lea* serem reedições diretas da edição *Breitkopf & Härtel*, enquanto grande parte da edição *Schirmer* basear-se na coletânea *Kistner*.[57]

É, portanto, importante ao pianista verificar a edição correta – definitiva – da partitura que se pretende executar, na qual apareçam os cantos-fantasma tal como desejados por Chopin em seus originais ou, em última análise, em sua própria revisão.

VI. ELEMENTOS-SURPRESA

Chopin utilizou como ninguém o que se pode chamar de *elementos-surpresa*, correspondentes na utilização de quebra melódica ou harmônica que surpreende o ouvinte com um sequenciamento não natural – não esperado – de determinado período, quer para romper com a melodia de então, para modular inesperadamente ou para trazer novo colorido harmônico em tudo inesperado ao ouvinte. Chopin sabia que o público criava expectativa pelas obras e que seus ouvidos estavam aguçados para compreender o sequenciamento lógico de cada composição, razão pela qual frequentemente se utilizava dos elementos-surpresa para causar impactos na audiência.

De fato, a surpresa chopiniana vai além do que se pode esperar de uma quebra melódica ou harmônica para ultrapassar a fronteira do inesperado, dando a sensação ao ouvinte de que o tema – motivo – utilizado foi abandonado pelo compositor para dar lugar a novo tema.

---

[56] Para detalhes: MARUN, 2015, p. 169-173. Ainda sobre as *Sonatas* de Chopin, ver o estudo de: HATTA, 2016.

[57] TEMPERLEY, 1989, p. 83.

No já citado *Noturno Op. 27, nº 2*, por exemplo, o fator surpresa ultrapassa, em certo ponto, todos os limites possíveis com uma quebra de sequenciamento realmente inesperada ao ouvinte. Trata-se do quarto compasso do retorno final do tema principal, em que Chopin, em vez de entoar o *lá bequadro*, como nas duas vezes anteriores, mantém a harmonia em ré bemol e entoa na melodia um *dó bemol* marcado que o ouvinte jamais imaginaria fosse cabível naquele lugar. A partir daí, Chopin oitava o mesmo dó bemol, ainda com a harmonia em ré bemol, criando harmônica cadência preparatória para o tema final, rumo à conclusão.

Pensamos ser esse exemplo sobremaneira melhor do que o trazido por Gide: o do *si bemol* no baixo – *pianíssimo* e *sotto voce* – após a sequência de *fás* preparatória do tema principal da *Balada nº 1*, comparável, segundo ele, a trechos também surpreendentes de Baudelaire, em *As flores do mal*. Segundo Gide, nesse trecho, Chopin "[...] deixa cair um *si* bemol profundo que modifica subitamente a paisagem como o toque da varinha mágica de um feiticeiro."[58]

Também no *Noturno Op. 62, nº 2*, em mi maior, uma surpresa aparece já no décimo terceiro compasso, quando, após o *lá* oitavado no baixo, vem a sequência de *sol bequadro* oitavado e de *fá sustenido* oitavado, ingressando já no décimo quarto compasso com pequeno clima de sus-

---

[58] GIDE, 1948, p. 28.

pense, que vai se manter até a retomada do tema principal compassos depois. Também a caída melódica do *sol* para o *mi bequadro* – junto ao *dó bequadro* no baixo – do vigésimo sétimo para o vigésimo oitavo compasso toma o ouvinte de assalto, em belíssimo "corte" melódico – aqui, modulatório – a ser executado em *pianíssimo* pelo intérprete, tal como ordenado por Chopin. E, no trigésimo compasso, outro lance inesperado – em tudo cênico – aparece na caída do *mi* – no vigésimo nono compasso – para o *dó sustenido*, abrindo um belíssimo *crescendo*...

Outro exemplo interessante a ser referido é o décimo terceiro compasso[59] do *Estudo Op. 25, nº 7*, em que há uma ascensão melódica na mão esquerda a desembocar num *dó bequadro* no início do décimo quarto compasso, causando surpresa ao ouvinte, razão pela qual esse *dó* inesperadamente abaixado – bequadro – deve, segundo Franceschini, ser salientado na execução, por incidirem nele vários fatores, isto é: resolução da série ascendente do décimo terceiro compasso com valor de anacruse impulsiva; maior elevação do que as notas anteriores; coincidência dos acentos rítmico e métrico; cromatização penetrante e inesperada; e sucessiva insistência da mesma nota – embora sempre em *diminuendo* –, que Chopin parece não querer deixar passar desapercebida. Daí o entendimento de que o primeiro *dó* – elemento-surpresa – no décimo quarto compasso deve ser um pouco mais apoiado do que os demais.[60]

Em outros casos, a surpresa aparece muito sutilmente no período, a título, por exemplo, de harmônico inesperado, tal como ocorre no – aparentemente inexplicável – famoso *mi bemol* inserido por Chopin no penúltimo compasso do *Prelúdio Op. 28, nº 23*, em fá maior. Como compreender, de fato, uma *sétima* no acorde derradeiro da peça, sobretudo conhecendo-se o estilo de Chopin? Mais ainda: no manuscrito há sinalização da soltura do pedal apenas depois da fermata do *fá*

---

[59] Estamos contando o décimo terceiro compasso a partir do tema principal (subtraindo-se o primeiro compasso com a melodia livre na mão esquerda).

[60] FRANCESCHINI, 1941, p. 18-19.

final, no último compasso. Em outras palavras, tecnicamente, se está diante de um final em sétima! Contudo, a sutileza do *mi bemol* "solto" no terceiro tempo do penúltimo compasso – na mão esquerda – não *soa* aos nossos ouvidos como um final *em sétima*, senão – se se permite a comparação – como o som de uma gota de orvalho pingando por sobre a grama. É evidente que a percepção auditiva do expectador já está antecipadamente preparada para ouvir um acorde maior perfeito em *fá*, e nada mais. Porém, aí entra em cena a genialidade de Chopin, que nos surpreende ao fazer "pingar" uma sétima muito sutil por sobre o acorde de fá maior. O resultado, à evidência, não poderia ser mais surpreendente. Quem ouve e desconhece a partitura percebe "algo novo" no período, sem se dar conta, de imediato, de se tratar de uma sétima propositadamente colocada, finalizando a sensação auditiva com um sabor verdadeiramente agridoce – para nós, de puro prazer. Aí está a *surpresa* chopiniana!

Em todos esses exemplos, portanto, há surpresas em períodos cuja imaginação do expectador não atinge – por qualquer modo – o pretendido por Chopin antes da revelação do efeito, é dizer, previamente à nota – ou harmonia – inesperadamente lançada, levando o ouvinte a uma sensação estranha de perdimento, de afastamento, certo de que, logo após, clarificam-se a continuidade e o sequenciamento lógico perfeitos, agora já intensificados, modulados ou cromatizados. Seria possível citar inúmeros outros exemplos que os estudiosos das obras de Chopin – e os ouvintes, em geral – já sentiram ou podem sentir *prima facie*, mas tal seria desnecessário se se pensa que na maioria das obras de Chopin tais elementos aparecem de modo claríssimo, imune a dúvidas. Por se tratar de uma expressão *sonora* e não de uma questão de *forma*, certo é que, em Chopin, os elementos-surpresa servem menos ao estudo melódico ou harmônico que à análise da intensidade – ou impacto – das composições nos expectadores.

Frise-se, por oportuno, que as surpresas chopinianas fazem-nos refletir sobre a intenção do compositor de "quebrar" a linha sequencial poética para, subitamente, *transformar* a atmosfera musical, seja para o desespero ou para o relaxamento, para o ingresso da "orquestra" ou para a entrada em cena de um "canto", ou ainda para cromatizar e/ou modular a tonalidade. Mais ainda, em muitas de suas introduções – aponta corretamente Temperley – Chopin passa ao largo de um centro tonal claro, como fez, por exemplo, na *Balada nº 1*, na *Polonaise-Fantasia* e, acima de tudo, nos primeiros 24 enérgicos compassos do *Scherzo nº 3* em dó sustenido menor, no qual não é dado ao ouvinte nenhum indício de qual seja a tonalidade principal da peça.[61]

Tais características somadas demonstram, à evidência, uma metódica na construção do sequenciamento sonoro da composição e um pensar meticuloso no encontro do "elemento-chave" de ruptura – surpresa – do período em causa, assim entendido o que "quebra" o cenário anterior para a abertura de outro completamente novo – seria o *si bemol* de Gide após os *fás* da *Balada nº 1*, ou, no nosso exemplo, o *dó bemol* do *Noturno Op. 27, nº 2*. A isso se agregue o que se pode nominar de *expectativa-surpresa*, caso em que – como nos exemplos das introduções da *Balada nº 1*, da *Polonaise-Fantasia* e do *Scherzo nº 3* – não há "quebra" melódica ou harmônica (trata-se, à evidência, do *início* de uma peça) e sim expectativa para a esperada *surpresa* que chega ao final do período.

Seja como for, não se encontra em qualquer obra de compositores anteriores, como Mozart ou Beethoven, quaisquer características similares às que se acaba de apresentar, pois faltava aos gênios de então, dentre outras, a descoberta das funções do pedal, a permitirem, por exemplo, linhas melódicas sustentadas autonomamente, que, a um só tempo, completam a harmonia e dialogam com o canto principal, criando uma atmosfera completamente envolvedora.

VII. *TEMPO RUBATO*

Em Chopin, a utilização do chamado *tempo rubato* – "tempo roubado", em italiano – é constante e exige do pianista extrema autonomia das mãos esquerda – ritmo e andamento – e direita – melodia. Trata-se de exercício fino e requintado – também muito sentimental, em termos de interpretação – de independência motora, apenas corretamente executado com imersão profunda no mundo e no espírito chopinianos.

Sob a influência da *Da Capo Aria* barroca, Chopin soube trazer para o piano esse elemento de expressão e de emoção líricas, para o fim de transformar a melodia percutida em melodia *cantabile*. Ao assim proceder, Chopin transformou por completo o modo de se tocar o piano, de dele retirar o som sem perda da base rítmica orquestral. Com isso, no entanto, nasceu também o perigo da má compreensão – e execução – do *rubato*, capaz de desvirtuar todo o conjunto da obra quando

---

61 TEMPERLEY, 1989, p. 66-67.

mal empregado, levando a uma interpretação sem naturalidade ou exageradamente arbitrária, tornando-a, portanto, artificial.[62]

Se é certo que o *rubato* nasceu bem antes de Chopin, provavelmente com o canto gregoriano, e foi também utilizado por outros grandes compositores, como Beethoven, não é menos verdade que Chopin atribuiu-lhe contornos diferenciados, especialmente nas *Mazurcas*, o seu terreno mais fértil. As notas "livres" do passado tornaram-se, em Chopin, notas "atemporais" dentro do conjunto de um compasso "temporal", marcado à base rítmica, porém com liberdade de desenvolvimento melódico, desde que encerrado o final do compasso com a marcação temporal – da base – sem desvirtuamentos. Assim, à diferença da liberdade anterior sem critérios, tem-se no *rubato* chopiniano verdadeiro exercício matemático de regulação temporal entre o *cantabile* melódico e o ritmo. Daí se notar que o *rubato* não é simples questão de agógica, por não se tratar propriamente de desvio do tempo estrito, mas de "roubo" do tempo – durante um compasso que *não sofre* desvio temporal em si próprio – com compensações posteriores para que a conta "feche".

Essa alteração na medida temporal, que leva a execução a certa "imprecisão", contribui para dar ao período acentuação mais expressiva, à guisa de um "balancear acentuado e prosodiado".[63] Essa técnica – veremos em detalhes logo adiante – leva a sonoridade à proximidade do exercício da voz, que necessita sempre da respiração – e dos movimentos singulares da face – para lograr continuidade. Na voz, há respiração ao cantar, mas o ritmo e o andamento se mantêm, não obstante a linha superior – melódica – brincar com o *seu* tempo, tudo, repita-se, *dentro* de um compasso que *não sofre* desvio do tempo estrito. Esse exercício fino funciona também na melodia do piano, que a partir de Chopin passou a ser cantada e não percutida, para o que tomou de empréstimo do mecanismo da voz humana as características necessárias a essa imitação.

Em Chopin, portanto, o *tempo rubato* se executa, como o próprio nome está a indicar, "roubando" o tempo de algumas notas da melodia dentro do compasso, pela sua aceleração ou desaceleração, com a compensação do tempo "roubado" em outras notas ou pausas, a fim

---

[62] A propósito, Cf.: especialmente KLECKZYNSKI, 1880, p. 72-78; com menor desenvolvimento, ver também: BOURNIQUEL, 1990, p. 165; HIMELFARB, 2009, p. 8-11 e MARUN, 2015, p. 176.

[63] FEISTAUER, 1977, p. 29.

de que o compasso se conclua dentro do tempo real do ritmo – que permanece fixo – marcado pontualmente à base, independentemente do andamento que a peça possa ter. Assim, enquanto o ritmo – mão esquerda – é bem marcado e temporalmente perfeito, a melodia – mão direita – brinca com o tempo, roubando valores de algumas notas e compensando em outras, sempre com um ajuste mental da completude do compasso – que envolve ritmo, andamento e melodia, conjuntamente – e da ideia de que, ao final, o tempo necessita matematicamente "fechar", isto é, não ultrapassar a marcação metronômica.

Talvez a melhor definição de *tempo rubato* em Chopin seja aquela – como fez, por exemplo, Liszt – que o compara ao balanço de uma árvore por ação do vento, em que o tronco – ritmo – permanece fixo ao chão enquanto os galhos e as folhas – linhas melódicas – balançam de um lado ao outro livremente, seguindo o fluxo e a direção do vento. Para Liszt, os raios de sol que passam por entre tais galhos e folhas, e a luz trêmula que resulta dessa passagem, seriam, pianisticamente, o *rubato chopiniano*. Dizia, assim, Liszt a um de seus discípulos: "Veja estas árvores: a brisa toca em suas folhas e desperta nelas a vida; as árvores, porém, não se mexem."[64]

Para Liszt, a propósito, "[...] todas [frise-se: *todas*] as composições de Chopin devem ser tocadas com aquela espécie de oscilação acentuada e prosodiada, com aquela *morbidezza* cujo segredo era difícil de captar quando não se tivesse ouvido muitas vezes o próprio Chopin [...]", certo de que Chopin "[...] pretendia ensinar essa técnica aos seus numerosos alunos, especialmente aos seus compatriotas, para os quais queria, mais do que aos outros, transmitir o sopro de sua inspiração."[65] Não há, segundo esse entendimento, espaço para questionamentos: *todas* as composições de Chopin devem ser executadas em *tempo rubato*, pois esse é o grande diferencial da interpretação chopiniana e de sua pianística, que transforma em lírica – e em canto – as notas da partitura e a percussão dos martelos.

Certo é que para a execução do *tempo rubato* chopiniano é premente manter firme o ritmo na mão esquerda – sem atrasos – enquanto se "rouba" a marcação para a melodia – pela mão direita – e se a executa livremente, a destempo da marcação rítmica que está à base, mas sempre dentro do universo metronômico completo, isto é, do(s) com-

---

64 Cf.: KLECKZYNSKI, 1880, p. 75; BOURNIQUEL, 1990, p. 166 e EIGELDINGER, 2006, p. 76-77.

65 LISZT, 1945, p. 146.

passo(s) como um todo. A explicação é confirmada pelos ex-alunos de Chopin, como, por exemplo, por Carl Mikuli, que chegou a ser professor-assistente do compositor. Segundo Mikuli, Chopin era inflexível com a marcação temporal, tanto que mantinha o metrônomo sempre ao lado do piano; e no que tange ao *tempo rubato*, Chopin ordenava que a marcação do acompanhamento – mão esquerda – fosse executada em "tempo estrito", enquanto a outra mão – mão direita – pudesse cantar a melodia com liberdade de expressão musical.[66]

Portanto, nos casos em que o trecho demanda o *rubato*, a manutenção das duas mãos em tempo idêntico destrói todo o fraseado desejado e a ambiência – cenário ideal – que Chopin pretendeu desenvolver, não obstante seja muito mais cômodo ao pianista que execute a passagem com similitude rítmica nas duas mãos.

No *rubato*, ao revés, a concentração e independência motora entram em cena em profundidade, demandando do executante o "roubo" do tempo melódico ao mesmo tempo em que calcula o quanto de tempo "devolver", para que o(s) compasso(s) finde(m) juntamente à marcação rítmica. Assim procedendo, o pianista logrará manter o acompanhamento no tempo estrito, junto ao desenvolvimento livre da melodia, fazendo-a "cantar" – e, consequentemente, "respirar" – ou com animação, ou com hesitação, ou com indecisão, a depender da composição executada – variando, por exemplo, na execução de uma *Mazurca*, de uma *Valsa*, de um *Noturno*, de uma *Balada*, de um *Improviso*, de um *Scherzo* etc.[67]

Como se nota, o "roubo" do tempo na execução do *rubato* não é simples alegoria rítmica, senão necessidade de fazer cantar o piano pela flutuação sutil da melodia por sobre o ritmo em tempo estrito. Enquanto o ritmo permanece absolutamente inalterado, a melodia vagueia caprichosamente por sobre ele, acelerando ou retardando o canto – por exemplo, com inquietude ou indolência, agitação ou calma.[68] De nada adianta, portanto, conhecer a ritmização do *rubato* se não se "canta" na melodia a frase respectiva, não "respirando" no fraseado e não articulando a "voz" de cada tecla acionada. Sem o "canto" e sua lírica melódica, o *rubato* torna-se mera desconexão, sem sentido e sem espírito. Trata-se, sim, de uma regra temporal, já descrita pelo próprio nome – *tempo rubato*.

---

[66] MIKULI, 1998, p. ix-x.

[67] Cf.: ROSENBLUM, 1988, p. 382.

[68] Cf.: EIGELDINGER, 2006, p. 73-74.

Contudo, tal regra e sua pretendida irregularidade só faz sentido se se imita o canto e a voz humana no fraseado respectivo, sem o que, repita-se, haverá apenas desconexão rítmica sem sentido melódico.

Por outro lado, não há dúvida de que o *rubato* se executa diferentemente de pianista a pianista, pois cada qual tem sua própria sensibilidade musical. Da mesma forma que um cantor interpreta uma canção diferente do outro, um pianista executa o *rubato* também à sua maneira. No entanto, a falta de regras específicas para a execução do *tempo rubato* não autoriza recusar as fórmulas antes colocadas, notadamente aquela segundo a qual o ritmo deve manter-se firme e bem marcado – tal como ordenava categoricamente Chopin – enquanto se canta, na melodia, uma determinada frase. Contudo, é de se concordar completamente com Kleczynski que "[...] uma boa execução do *rubato* exige uma certa intuição musical, em uma palavra, um certo talento."[69] Pianistas sem sensibilidade podem ter técnica impecável, mas não lograrão transmitir o sentimento adequado na execução do *rubato* chopiniano; essa sensibilidade é inata e impossível de ser transmitida ou ensinada por qualquer professor. Apenas sentindo a trama melódica completa – a *frase* musical do início ao fim – é possível previamente compreender o seu sentido – o "discurso" que está à base do fraseado – e aplicar sobre ele o *rubato*.

Nesse campo, porém, tudo o que não se pode é entender o *rubato* como técnica extravagante, a exemplo do que pensava Berlioz, ao dizer, por exemplo, que Chopin "[...] levou a independência rítmica longe demais [...]."[70] O equívoco está em compreender o *rubato* como questão de agógica, ou rítmica, pois já se viu que, em Chopin, o ritmo permanece completamente inalterado à base e o que se "rouba" é apenas a métrica melódica formal, para que o som do fraseado saia do piano como se um cantor ali estivesse cantando o respectivo trecho, com suas nuances vocais e todo o conjunto muscular e respiratório que as acompanha. Certo, em suma, é que Chopin não é Chopin sem o emprego do *tempo rubato*, e o *rubato* não lograria o *status* de técnica pianística se não fosse a obra de Chopin.

Sabe-se, a propósito, que Liszt debruçou-se muitas vezes sobre o teclado, ao lado de Chopin, para observar o *toque do Silfo*, estudando-o com amor e minúcia, para que lograsse perfeitamente imitá-lo.[71] Liszt,

---

[69] KLECKZYNSKI, 1880, p. 76.
[70] BERLIOZ *in* BOURNIQUEL, 1990, p. 165.
[71] POURTALES, 1929, p. 166.

já se viu, confessou que somente poderia compreender o *rubato* ouvindo o próprio Chopin tocar. Por isso se entende que Liszt foi o único que conseguiu executá-lo corretamente, tal como fazia Chopin. No relato de Liszt sobre o *rubato* chopiniano, o compositor húngaro descreve como Chopin o executava: fazia sempre ondular a melodia ou a movimentava indecisamente, tal uma aparição aérea vinda de improviso neste mundo tangível e palpável.[72]

Curioso é que Chopin, de início, pretendeu marcar com a indicação "rubato" algumas de suas composições, bem assim as partituras de vários de seus alunos, mas desistiu mais tarde de assim proceder, por entender que a indicação seria dispensável a quem fosse inteligente o suficiente para sentir a necessidade de sua utilização.[73] Chopin se valeu da marcação *rubato* nos trechos especificados das seguintes composições – todas elaboradas entre 1829 e 1835:

- no centésimo septuagésimo terceiro compasso e seguintes do Allegro Vivace do *Concerto nº 2 (Op. 21)*;
- no *Rondó* em mi bemol maior *(Op. 16)*;
- nas *Mazurcas Op. 6, nº 1* – nono compasso e seguintes –, *Op. 6, nº 2* – do sexagésimo quinto compasso até o final –, *Op. 7, nº 1* – do quadragésimo nono compasso até o final –, *Op. 7, nº 3* – décimo sétimo compasso e seguintes –, *Op. 24, nº 1* – *rubato* indicado no início –, *Op. 24, nº 2* – vigésimo nono a trigésimo sexto compasso – e *Op. post. 67, nº 3*;
- nos *Noturnos Op. 9, nº 2* – vigésimo sexto compasso, com a indicação de *poco rubato* – e *Op. 15, nº 3* – logo no início, com a indicação de *languido* e *rubato*.

Tudo o que não se pode entender, no entanto, é que *apenas* tais composições – e *apenas* essas poucas passagens – hão de ser executadas com o *tempo rubato*, à falta de indicação semelhante em inúmeras outras peças, pois esse raciocínio não guarda congruência com as obras de Chopin e, tampouco, com os depoimentos de seus contemporâneos, como Liszt, que afirmava categoricamente – já se viu – que "[...] todas as composições de Chopin devem ser tocadas com aquela espécie de oscilação acentuada e prosodiada [...]", representada pelo *tempo rubato*.[74] De fato, o que fez Chopin, repita-se, foi apenas deixar

---

[72] LISZT, 1945, p. 145-146.
[73] LISZT, 1945, p. 146.
[74] LISZT, 1945, p. 146.

de indicar o *rubato* nas respectivas composições, por entender que o executante experiente saberia quando assim proceder. Por esse motivo é que não se vê tal indicação temporal nas obras posteriores a 1835, que são, seguramente, as em que essa "regra de irregularidade" – para falar como Liszt – se apresenta em seu melhor estilo.

Em suma, o *rubato* chopiniano provém do piano que "canta", e só se pode corretamente executá-lo – a seguir aquela intuição musical e aquele talento descritos por Kleczynski – quando se pensa na mecânica empregada pela voz humana, com a contração dos músculos da face e a engrenagem das vias respiratórias. De fato, para desenvolver o seu *rubato,* Chopin pretendeu igualá-lo ao exercício de alguém que está a cantar, e que, consequentemente, necessita movimentar a mandíbula e respirar em vários momentos do canto, prolongando ou diminuindo, para tanto, o valor de cada uma das notas. Tal como o cantor que respira para tomar fôlego, também o piano, em seu "canto", necessita "respirar" para que o fraseado seja concluído imitando a voz; nesse "tempo" respiratório é que se prolonga ou diminui o valor das notas, "roubando" o seu tempo, mas compensando ao final. Com mão de mestre, Chopin ordenou que o piano assim também o fizesse, definindo os pontos em que a respiração se faria presente, sem que o tempo dos compassos – repita-se – se alterasse, tal como faz o cantor que respira entre um fraseado e outro, sem que a orquestra deixe de manter o pulso rítmico. A partir daí, conforme Rubinstein, estabeleceu-se "[...] o princípio de que o *tempo rubato*, para ser aplicado conscienciosamente, exige uma condição: o pianista precisa de ter um sentido infalível do uso que dele pode fazer."[75]

Chopin, a propósito, em seu *Esboço para um método de piano*, deixou assente o seu entendimento sobre a relação entre o *piano* e a *voz*, nessa memorável introdução:

> As palavras provêm dos sons; os sons existiam antes das palavras. A palavra é uma certa modificação do som. Os sons são utilizados para criar a música, como as palavras para criar a linguagem. O pensamento exprime-se por sons; uma expressão humana mal definida é apenas um som; a arte de manejar os sons é a música. O movimento, que se faz ao articular o pulso, compara-se ao que se faz para modular o ar quando se canta.

Daí bem se nota o desejo de Chopin em fazer do piano um instrumento *cantante*, pela técnica do toque – por meio da articulação do pulso – em imitação da voz, elemento imprescindível para a execução do *rubato*.

---

[75] RUBINSTEIN *in* WIERZINSKY, [19--], p. 10.

Por fim, frise-se que o *rubato* chopiniano – e também de vários românticos – traz leveza e graça à execução da peça, além de um lirismo ímpar, capaz de emocionar os ouvintes por diversas vezes, se executado corretamente e sem exageros. Contudo, à evidência, o seu lugar é bem demarcado entre apenas alguns compositores de certos períodos da história musical. Não se poderia, jamais, empregar o *rubato* chopiniano em Bach, Mozart ou Beethoven, sob pena de desvirtuamento completo da precisão que aqueles compositores pretenderam empregar em suas composições.

À falta de indicação – do autor ou, eventualmente, do revisor – para a utilização do *rubato*, cuidado extremado deve vir à tona, notadamente porque o mal emprego do jogo rítmico e melódico, ao longo de uma execução completa, pode descaracterizar por completo a verdadeira intenção autoral. Para falar como Kleczynski, enfim, o *rubato* mal executado leva à aplicação do provérbio: "Do sublime ao ridículo, há apenas um passo."[76]

VIII. INFLUÊNCIA DO *BEL CANTO* ITALIANO

Outra característica nítida presente nas obras de Chopin é a influência direta do *bel canto* italiano – ou "italianismo" –, como consectário lógico do piano cantante já referido quando da análise da pedalização e do *tempo rubato*. Tal é assim contrariamente ao que se poderia supor provindo de um polonês de nascimento – e também pelo sangue da mãe – com alma francesa – pela nacionalidade e pelo sangue do pai. De fato, no espírito chopiniano, para além da Polônia e da França, a Itália também se faz presente e integra o seu eu mais profundo – não obstante essa constatação passar à margem da análise de seus melhores biógrafos.

Em Chopin, o italianismo se confirma tanto pelo seu amor à ópera italiana – nele advindo desde a sua formação em Varsóvia até as visitas posteriores a Berlim e Viena – quanto pelo seu conhecimento aprofundado sobre música vocal, bem assim, em alguma medida, por sua amizade com Vincenzo Bellini, com quem várias tardes de domingo passou fazendo música e aprendendo mais sobre as características intrínsecas do *bel canto*.[77] Certo é que, no entanto, o italianismo de Chopin provém desse *conjunto de fatores* e não de fatos isolados, como,

---

[76] KLECKZYNSKI, 1880, p. 78.

[77] A esse respeito, Cf.: RUBINSTEIN in WIERZINSKY, [19--], p. 10; PAHLEN, 1959, p. 102; BOURNIQUEL, 1990, p. 167; SAMSON, 1994, p. 81; EISLER, 2005, p. 64-65 e JOSEFFY, 2006, p. 3.

por exemplo, a amizade com Bellini, que foi seguramente importante na influência exercida sobre Chopin, mas não *determinante* para a completa beleza e riqueza de seu *bel canto* pianístico.

A verdade é que – assim leciona Eigeldinger – a grande escola italiana de canto próxima a 1830 – que uniu harmoniosamente a arte da declamação e sua expressão dramática na música – representou em Chopin o modelo ideal e definitivo de interpretação, no estilo de um Rubini e à maneira de um Pasta, ficando aí calcado o modelo chopiniano de "declamação pianística", chave para o seu desempenho e pedra angular de seu ensinamento.[78] Em resumo, o italianismo em Chopin se deve à ópera italiana como um todo, e não a uma determinada influência ou a um determinado compositor.[79]

Destaque-se que, ao regressar de Maiorca,[80] Chopin passa brevemente – e pela única vez na vida – na Itália, aportando em Gênova, onde se atrai pelas figuras folclóricas da *tarantella* e, especialmente, da *barcarola*. Em correspondência – de 20 ou 27 de junho de 1841 – enviada a Julien Fontana, Chopin junta o manuscrito de recém composta *Tarantella*, rogando a Fontana que se encontre com Schlesinger ou Troupenas para consultar a melhor edição do *Recueil de Chants*, de Rossini, em que está a *Tarantella* em lá, que Chopin diz não saber "[...] se é um 6/8 ou 12/8 [...]", afirmando, contudo, que "[p]ode ser escrita das duas maneiras [...]", mas que preferia que a sua fosse "[...] como a de Rossini."[81] Essa preferência pelo modelo rossiniano é clara demonstração da influência italiana em Chopin, que não encontra paralelo em quaisquer outras correspondências conhecidas.

Para se sentir a intensidade do *bel canto* italiano na obra de Chopin bastaria ouvir – dentre os inúmeros exemplos possíveis – a melodia do segundo tema do *Allegro maestoso* – primeiro movimento – da *Sonata Op. 58, nº 3*, em si menor, junto aos vários ornamentos que transformam o período num *cantabile* apaixonante. O panorama descrito nos compassos respectivos remete a uma Paris luminosa sob a ótica de um protagonista apaixonado, ou ainda aos campos floridos de Nohant quando das estadas de verão; faz lembrar o arrebatamento de quem se enamora e pretende a mão da pessoa amada, o seu coração e até sua

---

[78] EIGELDINGER, 2006, p. 24-25.
[79] Cf.: BAL Y GAY, 1959, p. 208.
[80] Ilha situada na Espanha.
[81] SYDOW, 2007, p. 410.

alma. Ali, o piano também se transforma em instrumento de sopro, em flauta expressiva, que não guarda semelhança a um mecanismo de percussão, tal o existente no piano – há, também, um *canto-fantasma* nos quarto e quinto compassos desse segundo tema (com um *si*, um *dó bequadro* e um *dó sustenido*) a contrapontar e complementar harmonicamente a melodia, também num *cantando*. Enfim, se se consegue *sentir* esse *bel canto* na *Sonata Op. 58, nº 3*, para ficar apenas e tão somente com esse exemplo, é possível compreender a extensão da riqueza desse elemento pianístico em Chopin.

É, contudo, interessante notar que Chopin extrapolou os italianismos empregados na voz para utilizá-los em ornamentos que a voz humana não alcança, pelo que se pode inferir haver um italianismo pianístico em Chopin *acima* – ou *além* – das possibilidades da voz humana, não obstante nela terem sido completamente baseados. Exemplo do que se está a dizer encontra-se na referida melodia da *Sonata Op. 58, nº 3*, na qual se ouve uma flauta expressiva a cantar no lugar propriamente de uma *voz*. Seja como for, foi por influência do canto que, em Chopin, a sequência das notas na melodia deixou de simplesmente *percutir*.

Não há dúvidas, porém, ter sido na *melodia* e nos *ornamentos* que a influência italiana mais se destacou na obra de Chopin, notadamente – no que tange a estes últimos – pela corrente transposição dos vocalizos do *bel canto*.[82] De fato, os ornamentos de Chopin para o piano são, para falar como Liszt, pequenos grupos de notas sobrepostas que caem, como gotilhas de uma rosa matizada, por sobre a figura melódica, certo de que seu luxo, porém, não sobrecarrega a elegância das linhas principais.[83] Os ornamentos chopinianos são, por assim dizer, imitações do ornamento do canto operesco para o "canto" do piano, com a mesma graça e leveza daquele, só corretamente executáveis se se tiver em mente o *bel canto* e todas as possibilidades ornamentais que dele provêm.

Sempre houve, contudo, várias dúvidas de como devem ser interpretados muitos ornamentos presentes nas obras de Chopin, dentre os quais se destacam os *trinados*. Sobre eles, a edição *Paderewski* do Instituto Frédéric Chopin da Polônia estabeleceu regras bem defini-

---

[82] BOURNIQUEL, 1990, p. 170.
[83] LISZT, 1945, p. 24-25.

das – baseadas nos relatos de Chopin e de muitos de seus ex-alunos – a serem observadas pelo intérprete, a saber:

1. quando a nota principal de um trinado é precedida de uma *appoggiatura* superior, ou por uma sequência de notas menores em que a última nota é superior à nota principal, o trinado deve iniciar-se sempre pela nota *de cima*; no caso de a última nota menor ser a mesma da nota principal, a repetição da nota principal no início deve ser evitada – para evitar essa repetição defeituosa é que muitos editores acrescentam, em casos tais, uma *appoggiatura* superior na notação do trinado. Tudo o que não se pode fazer é iniciar o trinado pela nota inferior, pois isso – diz o editor – "não existe em Chopin";

2. quando a nota principal do trinado é precedida pela mesma nota em *appoggiatura*, o trinado deve sempre iniciar-se pela nota principal, e *nunca* se executa duas vezes a mesma nota – repetição da nota menor e da nota principal – no início do trinado;

3. se a nota menor for a mesma que a nota principal, porém a notação do trinado não contém *appoggiatura*, a dúvida se revolve iniciando o trinado pela nota principal; em caso de dúvidas, recomenda-se partir do princípio de que o trinado se inicia, tanto quanto possível, com uma suave associação à nota anterior, por exemplo, preenchendo eventual falta – passo em falso – ou evitando a repetição da nota principal já tocada;

4. quando o final de um trinado não estiver expressamente indicado, convém sempre terminar o trinado com a nota principal, após o toque da nota superior;

5. finalmente, todos os ornamentos em Chopin – *appoggiaturas*, mordentes, trinados, *grupetos* ou arpejos – devem ser tocados *no exato início* do tempo, subtraindo-se, para tanto, a duração do ornamento – *appoggiatura*, mordente, trinado etc. – da duração da nota principal. Essa marcação é bem nítida nos originais de ex-alunos do compositor, com indicações à mão feitas pelo próprio Chopin, determinando que o ornamento seja executado na cabeça do tempo, e não antes dela.[84]

Todo esse conjunto de observações é necessário para trazer à execução a maior fidelidade possível do canto chopiniano, à guisa do *bel canto* italiano. A propósito, conta-se – a informação é tributada, por exemplo, a Niecks e a Kleczynski – que Chopin insistia com seus alunos

---

[84] Por tudo, Cf.: PADEREWSKI, I J.; BRONARSKI, L.; TURCZYNSKI, J., 2017, p. 107-108 e EIGELDINGER, 2006, p. 86-87.

que ouvissem sempre os bons cantores, e aprendessem, eles próprios, a cantar, para o fim de poderem bem executar as "declamações musicais"; assim, teria dito à Sra. Vera de Kologrivoff Rubio (1816-1880) que "[...] deve cantar se quiser tocar piano [...]", fazendo com que ela tomasse aulas de canto e ouvisse óperas italianas, para que tocasse apropriadamente.[85] Há relatos – como o de Emilie von Gretsch – de que Chopin calcava o seu modo de tocar piano no estilo vocal de Giovanni Rubini, Maria Malibran (irmã de sua aluna e também cantora Pauline Viardot-Garcia) e Giulia Grisi, mas com meios próprios de alcançar a sua "voz" pianística.[86] Para Chopin, assim, o canto constituía o *alfa* e o *ômega* da música e a base da pianística instrumental, sob o entendimento de que "[...] quanto mais uma realização pianística se inspira em modalidades vocais, mais convincente ela se torna."[87]

Note-se, contudo, que há nítidas diferenças entre o piano que "canta" – *cantabile* – e aquele que simplesmente "liga" – *legato*. Em Chopin, para além das indicações de *legato*, o que se pretende em várias das composições é o *cantabile*, ao estilo do *bel canto* italiano; o que se almeja é trazer para o piano as regras da voz humana, que guardam em si fatores únicos, como, por exemplo, respiração, movimentação dos músculos da face e tomada de fôlego. Daí a crítica que se faz à equivocada utilização do *legato* em vez da correta utilização do *cantabile* no fraseado respectivo.

Em Chopin, portanto, a cada final de fraseado marcado deve haver – como na voz humana – uma "respiração" melódica antes do início do fraseado subsequente, pois entendia o compositor que, assim como nos textos escritos, também na música há um sistema de pontuações, de parágrafos, de frases e de períodos – com sílabas longas, curtas etc. – que há de ser observado.[88] Assim, cada nota tocada – observa Mikuli – passa a corresponder a uma *sílaba* e cada conjunto a uma *palavra*, formando uma *pensamento* – com a sua respectiva *ideia* – ao final.[89] Se necessário, o estudante poderá marcar, *per se*, o final do canto primeiro – frase inicial, em determinado período – e início do subsequente na própria partitura de estudo, antes de me-

---

85 Cf.: BOURNIQUEL, 1990, p. 168 e SAMSON, 1994, p. 81.
86 EIGELDINGER, 2006, p. 68-69.
87 EIGELDINGER, 2006, p. 25.
88 EIGELDINGER, 2006, p. 24.
89 EIGELDINGER, 2006, p. 65.

morizar a sequência dos *cantabiles*, para que não haja confusão com a utilização dos *legatos*.

Chopin repetia constantemente aos seus alunos – relata Mikuli – que uma frase imperfeita seria como a provinda de alguém que recita em uma língua desconhecida um discurso decorado, e assim não apenas deixa de observar a quantidade natural das sílabas, mas também corta ao meio as palavras. Da mesma forma, dizia ele, aquele que não domina um fraseado musical demonstra que a música não é a sua linguagem materna, senão um idioma estrangeiro para si incompreensível, devendo, por isso, renunciar à pretensão de que seu discurso cause qualquer efeito no ouvinte.[90] A comparação é perfeita e nos permite estabelecer a regra da necessidade de compreensão *prévia* do discurso – da *ideia* posta no fraseado – antes de fazer o piano "cantar" pelo ação das teclas. Apenas depois de compreendido o discurso – sua ideia e sua tônica – é que se poderá, assim como no canto, expressar, por meio do som, o que o texto do autor pretendeu levar ao expectador – por exemplo, felicidade, tristeza, saudosismos, encantamento etc.

Seja como for, o que se pretende aqui deixar claro é que o canto passou a ser um elemento fundamental de compreensão pianística, certo de que o *cantabile* representa, em Chopin, a figura da voz transportada ao piano, com todos os seus consectários. Esse "canto" pianístico, já se viu, foi possível graças à (re)utilização do pedal e, em certa medida, pelo desenvolvimento do *rubato*. Pelo pedal – junto ao roubo do tempo, à guisa do que se faz na voz quando é necessário respirar – logrou-se, então, dar o sequenciamento das notas em modo *cantabile*, ainda que distantes umas das outras, a permitir o efeito do *bel canto* em seu melhor estilo.

IX. POLIFONIA CHOPINIANA

Nas obras de Chopin há uma tessitura polifônica característica que merece ser referenciada.[91] Não apenas em Chopin, mas na maioria dos românticos, o recurso ao paradigma anterior – notadamente barroco – e às lições de Bach são frequentes. Contudo, em Chopin a tessitura polifônica se diferencia à luz do acréscimo de originalidade que sobre o paradigma se coloca, tanto sob o aspecto formal – de escrita – quanto à luz do substancial – melódico. Certo é que, sem ser

---

[90] EIGELDINGER, 2006, p. 65-66.
[91] Cf.: COSTA, 2018, 91p.

propriamente contrapontista, Chopin traz exemplos de polifonia de rara beleza.[92]

Da conhecida *Correspondência* de Chopin é possível abstrair a sua já referida devoção pela música de Bach e a influência deste em suas composições; também se sabe, pelas mesmas cartas, que em Maiorca Chopin se fez acompanhar de seus exemplares de *O cravo bem temperado*, já desgastados pelo uso constante desde a infância.

Em correspondência enviada de Nohant a Julien Fontana, em Paris, em agosto de 1839, Chopin faz o seguinte relato:

> Para mim mesmo, estou revendo a edição parisiense de Bach. Ali, eu corrijo não somente as faltas do gravador mas também as creditadas por musicistas que passam por compreender Bach (não tenho a pretensão de compreendê-lo melhor, mas a convicção de adivinhá-lo talvez). Eis aí: estou bem vaidoso diante de ti![93]

Embora não se tenha notícia se Chopin legou a alguém, antes de morrer, a referida revisão, realizada para fins de estudo pessoal, certo é que o fato demonstra a forte ligação do compositor com a obra de Bach.

Dessa íntima relação com a tessitura barroca advém, não é de se estranhar, a polifonia chopiniana, não obstante seguindo um fio composicional inteiramente próprio. Certo de que na polifonia – em toda ela – não há voz a ser menosprezada ou negligenciada, é mister, portanto, notar como em Chopin esse diálogo entre vozes se consuma, até mesmo, em vários casos, com mais de dois interlocutores – mais de duas vozes – conversando autonomamente. Investigar a polifonia chopiniana é compreender mais do que as relações entre os fraseados e as "conversas" entre as – várias – melodias: é entender a metamorfose por que passou a técnica da interlocução, junto à dinâmica e à pontuação.

A primeira e mais notória constatação que se faz ao analisar a composição chopiniana liga-se à transmutação que faz Chopin da tessitura polifônica – bachiana – adotada como paradigma, em contexto agora romântico, é dizer, mais *dialógico* e menos *dialético*. Nesse sentido, em vez de adotar duas *guias* – direita e esquerda; superior e inferior; desdobradas ou não etc. – contrapontadas entre si, Chopin inova em fazer dialogar as melodias com *tons* – ou *tônicas* – de diálogo diferenciais, isto é, com "conversas" concomitantes, em vez de "respostas"

---

[92] Cf.: FEISTAUER, 1977, p. 27.

[93] SYDOW, 2007, p. 361.

à(s) pergunta(s) inicialmente realizada(s) por uma delas. Assim procedendo, Chopin substitui o contraponto formal pela articulação – em união – das duas melodias que parecem autônomas e espontâneas *per se*.[94] Tal é bem nítido, por exemplo, nos *Noturnos* e em vários *Estudos*, ainda que em passagens particulares.

Não se trata apenas de compreender o fraseado respectivo e sua respiração, com seu início e encerramento, senão de *também* dar autonomia às vozes em contraste, como se dois interlocutores discutissem – dialogassem – o tema cada qual à sua maneira, com sua própria tônica e argumentação. Aqui se perde em simetria – como, por exemplo, adotava Bach – para ganhar em autonomia, de duas, três ou quatro vozes, sempre sob a ótica do dialogismo. À luz dessa constatação, tem-se que, em Chopin, as vozes – todas elas – presentes na peça hão de cantar com idêntica autonomia, tais os interlocutores de um diálogo falado, sem hierarquia entre elas e de forma assimétrica.

Portanto, nota-se em Chopin uma polifonia com níveis e melodias diferenciais que transfigura a ideia bachiana para o romantismo; percebe-se um distanciamento da fórmula da perfeição simétrica para, em vez disso, estabelecer dois – ou mais – cantos melódicos com diálogos autônomos em termos de fraseado e respiração, quase sempre alheios ao esquema clássico de pergunta e resposta. Destaque-se, por exemplo, a polifonia presente no tema principal do *Estudo Op. 10, nº 3* – "Tristesse" – e seus desdobramentos, bem assim a iniciada no segundo compasso[95] do *Estudo Op. 25, nº 7*, e sua sequência posterior, a revelar a influência de Bach na obra de Chopin.[96] Veja-se, também, o que Chopin emprega na *Mazurca Op. 50, nº 3*, composta no exato período – agosto de 1939 – em que Chopin revisava a obra de Bach, tal como relatado na citada correspondência enviada de Nohant a Julien Fontana. Ali, Chopin se utiliza – o caso é raro em se tratando de uma *Mazurca* – da polifonia bachiana e do cânone para o desenvolvimento da peça, certo de que, por isso, muitos críticos a consideram "[...] uma das mais notáveis e elevadas concepções de Chopin."[97]

---

[94] Cf.: TEMPERLEY, 1989, p. 59.

[95] Estamos contando o segundo compasso a partir do tema principal (subtraindo-se o primeiro compasso com a melodia livre na mão esquerda).

[96] Voltaremos ao tema no capítulo "Observações a um conjunto selecionado de obras", no subcapítulo "Poesia dos *estudos*".

[97] CUNHA, 1947, p. 71.

Aqui, basta a observação de que Chopin, com mão de mestre, metamorfoseia a polifonia bachiana sob um tratamento intrinsecamente pianístico, em que a mão esquerda canta lentamente com a mão direita num diálogo defasado e medido por acordes que dão às vozes o apoio harmônico.[98]

Note-se, ademais, que em meio a esse universo polifônico aparecem, como já se viu, os chamados *cantos-fantasma* propositadamente plantados por Chopin em determinados trechos, com uma voz autônoma – normalmente curtíssima, de três ou quatro notas – provinda da harmonia e capaz de complementá-la junto à melodia. Há, nesses casos, para além de um dialogismo melódico, uma conversa a três (ou quatro) com o terceiro (ou quarto) canto tomando parte do diálogo em paralelo, como que sem convite para uma tal intromissão.[99]

Em suma, a polifonia está presente em Chopin de forma transcendente, pois capaz de transmudar o estilo bachiano para outro do próprio Chopin, com intensidades e matizes diferenciados, especialmente no que tange ao paralelismo. Sua polifonia foi, pode-se dizer, única na literatura pianística de seu tempo e paradigmática para as futuras gerações de compositores, reforçando o caráter *per se* de suas composições, como se verá à frente.[100]

X. RITMO

Um dos elementos da melodia chopiniana é o *ritmo*. A afirmação poderia soar extravagante se não fizesse Chopin impregnar na melodia também a ritmização. De fato, pouco observada entre os musicólogos que dele se ocupam, esta tem particular importância nas obras do nosso compositor, dado especialmente o seu caráter inovador.

Como destaca Enilda Maurell Feistauer, são frequentes os casos de anacruse formando síncope, ou seja, a nota inicial elíptica desempenhando dupla função, de anacruse e ictus inicial.[101] Tal se percebe, nitidamente, em inúmeras *Mazurcas*, *Valsas* e *Noturnos* de Chopin, em que o compositor inova na utilização da anacruse, especialmente por dela retirar o caráter de preparação para a entrada no tempo forte, tornando-se o próprio ictus.

Exemplifique-se com a *Mazurca Op. 6, nº 1*, em que a nota inicial anacrústica – *fá sustenido* – leva um acento determinante (>) que a

---

98 WISNIK, 2013, p. 38.
99 Ver subcapítulo "Cantos-fantasma", *supra*.
100 Ver subcapítulo "Música *per se*", *infra*.
101 FEISTAUER, 1977, p. 40.

transforma em nota de ataque – ictus inicial –, e com a brevíssima *Mazurca Op. 6, nº 4*, cuja nota inicial – *si bemol* – está a desempenhar, simultaneamente, a função de anacruse e ictus inicial. Vários outros exemplos podem ser citados, como as *Mazurcas Op. 17, nº 3; Op. 30, nº 1; Op. 33, nº 4; Op. 50, nº 3; Op. 63, nº 2*; e *Op. Post. 67, nº 4*. No que tange às *Valsas*, citem-se a *Op. 64, nº 1 – Valsa do Minuto* – em sua parte central e a *Op. 70, nº 2*. A mesma ideia se repete nos *Noturnos Op. 37, nº 1* e *Op. 55, nº 1*.

Exemplo marcante de ritmo decapitado é encontrado na *Balada nº 1*, em sol menor, em que Chopin inicia o tema *cantábile* – no sexagésimo sétimo compasso – com um *fá* natural acentuado (>) em anacruse, cuja função é, igualmente, a de ictus inicial.

No centésimo sexagésimo sexto compasso da mesma *Balada*, Chopin retoma o tema – dessa vez em *fortíssimo* – apenas suprimindo o *fá* inicial, com arpejos na mão esquerda. Trata-se de exemplo considerado como um dos mais atrevidos e originais existentes em ritmos decaptados.[102]

As nuances rítmicas presentes em várias obras de Chopin foram incompreendidas à época, sendo conhecido o relato de Wilhelm von Lenz – ex-aluno de Chopin – sobre a visita de Giacomo Meyerbeer à casa de Chopin, quando Lenz tocava a *Mazurca Op. 33, nº 3*. Naquela ocasião, Meyerbeer havia observado tratar-se de peça a 2/4, o que levou Chopin a visível irritação, inclusive com alteração de seu tom de voz. Para o fim de combater a afirmação de Meyerbeer, relata Lenz que Chopin sentou-se ao piano e marcou com os pés, firmemente, cada compasso da *Mazurca*, vocalizando tratar-se de composição em 3/4.[103]

Por fim, destaquem-se também – recorremos ainda a Enilda Feistauer – os ritmos finais com nota elíptica ou suprimida, como

[102] LUSSY *in* FEISTAUER, 1977, p. 41.
[103] EIGELDINGER, 2006, p. 106-107.

ocorre, por exemplo, no *Noturno Op. 55, nº 1*, em que o final da frase recai sobre nota – *dó* natural – que desempenha a função tríplice de *ictus final, anacruse* e *tésis*. Às vezes, diz a mesma musicóloga, a nota final não é prolongada nem suprimida, mas separada por um largo silêncio, como ocorre no décimo nono compasso da *Polonaise Op. 26, nº 2*, em que o *fá* natural – nota final – é separado e retardado pela repetição do desenho melódico.[104]

Esses são apenas alguns exemplos de como Chopin também inovou no conjunto rítmico, sendo certo de que tais originalidades foram ser compreendidas apenas anos depois com o estudo do conjunto completo de sua obra.

XI. MÚSICA *PER SE*

Todo o conjunto composicional da obra de Chopin guarda a característica comum de ser música *pura*, é dizer, não obrigatoriamente ligada a uma cena poética ou literária *lato sensu* – por exemplo, uma poesia, um conto, uma crônica etc. Chopin, de fato, não pretendeu, *a priori*, comparar – ou basear – suas composições em temas dessa índole,[105] não obstante alguns autores, como Gide, igualarem algumas de suas peças a obras poéticas, como, por exemplo, a *Balada nº 1*, em sol menor, a trechos de Baudelaire em *As flores do mal*.[106]

Para Chopin, portanto, a sua música teria validade *per se*, independentemente de fenômenos extramusicais, como, por exemplo, a literatura. Assim entendendo, Chopin se distanciava de vários de seus contemporâneos, como Liszt, Schumann ou Mendelssohn, que frequentemente usavam elementos literários para a conclusão de suas obras – veja-se, por exemplo, os *Romances sem palavras* de Mendelssohn. O sentido da música *per se*, para Chopin, era a pureza da escrita e da execução desligada de outros símbolos ou fatores externos, pois tais símbolos ou fatores seriam capazes de influenciar negativamente a correta execução ou compreensão da obra.

---

104 FEISTAUER, 1977, p. 41.

105 A única exceção é feita, evidentemente, às *17 Canções Polonesas, Op. 74*, para piano e voz, uma vez que, nesse caso específico, a própria *finalidade* da composição era musicar os poemas poloneses de Witwicki, Mickiewicz, Zaleski, Krasiński, Osiński e Pol.

106 GIDE, 1948, p. 28.

Exatamente por esse motivo é que Chopin relutava em dar "títulos" ou nomes descritivos às suas composições, especialmente os ligados a elementos cenográficos, sentimentais ou textuais – as raras exceções são a *Marcha Fúnebre* da Sonata em si bemol menor, a *Berceuse Op. 57* e a *Barcarola Op. 60*.[107] Mesmo assim, é certo que muitas de suas composições passaram a ser conhecidas por títulos alegóricos ou nomes-fantasia, como o estudo "Tristesse" – *Estudo Op. 10, nº 3* –, o estudo "Teclas pretas" – *Estudo Op. 10, nº 5* –, o estudo "Revolucionário" – *Estudo Op. 10, nº 12* –, o estudo "Vento de inverno" – *Estudo Op. 25, nº 11* –, o prelúdio "Gota d'água" – *Prelúdio Op. 28, nº 15* –, a polonaise "Militar" – *Polonaise Op. 40, nº 1* –, a polonaise "Heroica" – *Polonaise Op. 53* –, a valsa do "Minuto" – *Op. 64, nº 1* –, a valsa do "Adeus" – *Op. post. 69, nº 1* – etc.

O que se acabou de referir, contudo, não retira ou anula, em absoluto, a *lírica* e a *poética* das obras de Chopin, bem assim os *efeitos* e *impactos* que por sobre as impressões dos ouvintes recaem, senão apenas abstrai qualquer *base* literária dessas mesmas obras. Em outras palavras, ainda que Chopin não tenha pretendido embasar suas composições em cenas ou elementos de literatura, certo é que suas obras estão impregnadas de lírica e de poesia, apenas sem fundamentação em cênica ou textualidade preexistente. Essa lírica e essa poesia *impactam* diretamente na subjetividade do ouvinte, transportando-o para o *seu* universo extramusical mais íntimo e profundo, despertando em seu espírito um universo infinito de sensações – por exemplo, saudade, alegria, entusiasmo, dor, nostalgia etc. Tal é, inclusive, uma das razões da difícil compreensão de sua música, dada a não existência de base descritiva que a possa "fundamentar".

Assim, a lírica e a poética musical chopiniana devem também ser compreendidas *per se*, tal como o conjunto de sua obra, pois *exclusivas* de cada composição e *independentes* de fundamentação literária, diferentemente do que pretenderam outros compositores da época. Como se verá, há, nos *Estudos* de Chopin, por exemplo, um lirismo e uma poética ímpares, não equiparável a qualquer outra obra de outros contemporâneos seus. Trata-se, porém, de lírica – e/ou poética – *nascida* propriamente com a composição e não advinda de elementos estranhos à própria criação musical. No ouvinte, repita-se, o efeito é diverso, pois cada um ouve a composição à sua maneira e incorpora as sensações da música ao seu modo; cada qual transporta para o seu íntimo

---

107 Cf.: CUNHA, 1947, p. 331; PIANO, 1969, p. 120 e TEMPERLEY, 1989, p. 54.

os – seus próprios – elementos extramusicais, capazes de dar – dentro de si – sentido àquilo que está a escutar.

Em termos pianísticos, certo é que quanto mais se interpretar a obra de Chopin como música *per se*, melhor será para atender ao espírito de suas composições, uma vez que, além de indesejada, a comparação com elementos extramusicais não advém da vontade própria do compositor, senão da intenção de editores – ou do público desavisado – em fazer prevalecer a *sua* imagem literária ou poética como sendo a "correta", a deflagrar o gatilho mental na interpretação de dada composição.

Se é verdade que não há exatamente *uma* interpretação correta de dada obra musical, não é menos certo que, no caso das composições de Chopin, só se atinge o desejado pelo compositor (ou, tanto quanto possível, a sua maior proximidade) se se respeita *toda* a notação expressa em cada compasso e em cada período da peça, com alheamento a tudo quanto transcenda os limites entre o que se lê na partitura e o que se executa ao piano. Uma dose, no entanto, de espiritualidade – que não leve em conta elementos extramusicais, senão outros, como os relativos à vida do compositor – é necessária ao interpretar Chopin, notadamente quando se conhecem os fatos (pessoais, temporais etc.) que orbitavam à criação de determinada obra. Aqui não se trata, como se nota, de tomar de empréstimo elementos cênicos ou de literatura para atingir o desejável em termos de interpretação pianística, mas de compreender o que vivia ou sentia o compositor à época em que fez vir à luz a composição. Aqueles que logram conhecer a fundo a vida de Chopin e têm a necessária técnica para a execução de suas obras, seguramente serão melhores intérpretes de suas composições.

Feita essa advertência, será então possível analisar – no capítulo a seguir – um conjunto selecionado de obras representativo do espírito chopiniano, suas características e os elementos necessários à sua interpretação.

Observações a um conjunto selecionado de obras

I. **FOLCLORE DAS POLONAISES E MAZURCAS**

Os chamados "temas poloneses" provêm dos motivos populares cantados ou tocados no interior da Polônia, não por músicos profissionais, mas por cantores ou instrumentistas amadores nos vários campos, vales e planícies daquele país. Trata-se de música *popular* em sentido estrito, executada, muitas vezes, de improviso – *ad libitum* – por gaitistas ou violinistas em festas ou eventos de campo, enriquecidas com danças típicas. Suas linhas melódicas são ricas e exuberantes, sempre dançantes e de um sabor em tudo campestre. Às vezes, também podem aparecer em tom mais palaciano que popular, notadamente em ocasiões de festas nacionais.

A utilização desse rico arcabouço de temas populares para as composições eruditas – veja-se, por exemplo, as árias de Couperin, Rameau, Bach e Fridmann – é uma forma de fugir à tradição e ao classicismo escolástico, além de meio de defesa de um povo oprimido.[108] Trata-se de maneira pela qual se pode expressar um sentimento nacional por meio do erudito, exaltando o país de origem pela música, notadamente pela ótica do homem comum, do povo.

O escritor Etienne Witwcki, em correspondência enviada a Chopin, em 6 de julho de 1831, fazia sinceros votos a que seu compatriota fosse o primeiro polonês a "[...] beber nos vastos tesouros da melodia eslava [...]", dizendo que, ao não seguir esse caminho, Chopin renunciaria "[...] voluntariamente aos mais belos lauréis."[109]

---

[108] Cf.: BOURNIQUEL, 1990, p. 121-122.
[109] SYDOW, 2007, p. 159.

Essa *intenção nacionalista* exacerbada estava em voga e se espraiou por todo o mundo musical de então – lembre-se, por exemplo, das *Rapsódias húngaras* de Liszt, das *Danças húngaras* de Brahms, das *Danças norueguesas* de Grieg etc. – a título de libertação das fórmulas herméticas do classicismo escolástico, flexibilizando os métodos e modulando conceitos até então imutáveis. Chopin, de certa maneira, seguiu essa tendência nacionalista com as *Polonaises* e as *Mazurcas*, não obstante sem a ostensividade das grandes óperas e sinfonias. Certo é que, tanto nele como nos outros compositores do gênero, o *tom* do folclore foi atribuído pelo que se captou dos cânticos e danças populares, interioranos e campestres, burilados com a mais rica tessitura erudita, sobretudo pianística.

Sobre o assunto, a propósito, assim observou Bourniquel:

> Em contato com esta liberdade original, a música aprende a desprezar certos preconceitos de escola; perderá seu respeito quase místico pela harmonia clássica. Aproveitará esta liberdade tonal para enriquecer-se com novos timbres, novos modos, e para avançar nos caminhos do inesperado. Passa-se do fechado para o aberto, e é este o sentido do esforço de um Bartók ao encontrar na etnologia musical fontes de nova energia, ao mesmo tempo que as possibilidades oferecidas pelas gamas modais.
> Se o folclorismo não resultou em nenhum enclausuramento regionalista, ele traiu igualmente as ilusões ligadas à "melodia natal". Da *Feira de Sorotchensky* a *O pássaro de fogo* e ao *Tricórnio*, o músico entrega-se cada vez mais a uma febre de pesquisas eruditas. E chegamos a este segundo paradoxo, confirmado por todas as experiências similares, experiências estas feitas em diversos países no final do século XIX e no começo do século XX, ou seja, de que a arte que parece mais aberta às influências étnicas escapa quase que fatalmente às características da arte popular. O títere russo e o realejo de Barbarie não fazem de *Petruchka*, como se disse algumas vezes, o equivalente de uma "commedia dell'arte" sob os muros de Kiev ou de Moscou: a arte que vive apenas de exigências formais mesmo que pareça superá-las, continua a arrastar o mecanismo das constelações – no topo da parábola, ela continua, como para o passado, uma inovação absoluta.[110]

Em conclusão, a transposição do folclore para o ambiente erudito – sinfônico, pianístico etc. – representa menos um exercício composicional criativo que de absorção das necessidades de um povo – do qual o compositor faz parte – em ver-se representado por alto nível de erudição, como, por exemplo, é o caso dos temas e cânticos nacionalistas presentes nas *Polonaises* e *Mazurcas* de Chopin. Esse alto nível erudito abandona todo e qualquer tipo de vulgaridade, às vezes presente na origem do cântico ou dança respectivo, para transformar-se em música de altíssima complexidade técnica, sobretudo interpretativa.

---

[110] BOURNIQUEL, 1990, p. 123-124.

1.1. AS POLONAISES

Contrariamente àquilo que se faz presente na maioria das obras de Chopin, e que representa o espírito – normalmente de dor, sofrimento e angústia – de suas composições, certo é que nas *Polonaises* o que vêm à luz são os elementos *brilho, força e vigor*, somados ao *ritmo marcado* em contínua e solene marcha.[111] Com origem nas danças polonesas, a *Polonaise* que se apresenta a partir de Chopin introduz na literatura pianística a exuberância do elemento *nacionalidade*, com exaltação das conquistas e da bravura do povo polonês. É o canto do exilado a rememorar o estandarte patriótico e a identidade nacional.

As *Polonaises*, enquanto tais, não encontravam repercussão senão com imprecisão e vagueza antes de Chopin, notadamente fora da Polônia, país que não era reconhecido como participante da evolução da música erudita na Europa.[112] Depois de Chopin, as *Polonaises* tornaram-se a referência do espírito polonês no mundo, podendo-se dizer que "[...] o caso de Chopin é um caso único na história do espírito humano, pois ele sozinho representa todo o haver estético de uma raça, toda a história sensitiva de um povo, toda a representação ética de uma nação [...]", razão pela qual a Polônia "[...] é então a única nação que deve sua imortalidade criativa a um único artista."[113]

Nas *Polonaises* de Chopin, o sentimento e o entusiasmo para com a causa nacionalista vêm sempre à tona, junto a uma atmosfera reconhecidamente marcial. A ideia do compositor foi reforçar as glórias da Polônia e exaltar o sentimento nacional, ainda que sob uma atmosfera nitidamente sonhadora, algumas à guisa de verdadeiro devaneio. Daí ser característico haver nas *Polonaises* uma *lírica* intermediária – no segundo ou no terceiro momento – a representar a lembrança da terra natal, na sequência do andamento de marcha, como, por exemplo, ocorre na *Polonaise Op. 26, nº 1* e na majestosa *Polonaise "Heroica" (Op. 53)*. Nas partes propriamente marciais, ouvem-se, por exemplo, cavalos marchando, canhões atirando, a infantaria se movimentando e tambores rufando, tudo a exaltar a bravura do povo polonês e as glórias da Polônia. Comporta praticamente todos esses elementos a *Polonaise Op. 41, nº 1*, conhecida, por isso mesmo, como *Polonaise*

---

[111] Em paralelo ver: GAVOTY, 1974, p. 471-476 e JONSON, 2013, p. 70 *et seq.*
[112] Cf.: GIACOBBE, 1951, p. 13-14.
[113] GIACOBBE, 1951, p. 14-15.

"Militar", a evocar as cargas da cavalaria, a marcha da infantaria, os golpes de baionetas e os tiros de artilharia.[114]

Tais são apenas algumas dentre tantas características que afastam as *Polonaises* de Chopin das de outros compositores, como Michał Kleofas Ogiński (1765-1833), Carl Maria von Weber (1786-1826) e Karol Józef Lipiński (1790-1861). As composições deste último – especialmente para violino e viola – são exuberantes e musicalmente ricas, para além de graciosas, mas criam uma atmosfera nitidamente *feminina*. No caso das *Polonaises* chopinianas, o que se denota é um caráter marcadamente masculino, pois pretendem realçar o homem e colocar em evidência a sua beleza e força física.[115]

Assim, não obstante a nomenclatura feminina "polonesa", é certo que, em Chopin, a marcialidade, o vigor e o peso da composição remetem ao universo masculino, à batalha e ao heroísmo; quando a guerra não está à vista, o que se verifica é um desfile de paladinos diante do rei.[116] Daí a razão de ser de sua interpretação enérgica, menos lírica – mesmo nos momentos líricos – e mais agressiva, sobretudo em sua marcação característica – em ¾ – de seis colcheias em três tempos com a segunda desdobrada.

No que tange especificamente à *"Heroica"*, destaque-se ter sido ela a última *Polonaise* de Chopin assim intitulada, trazendo em si as características do grande vigor patriótico e do profundo sentimento de união da Polônia, razão pela qual narra-se que quando Chopin a executou publicamente em Paris, ao final do concerto os exilados poloneses levantaram-se em conjunto e cantaram o hino: "A Polônia ainda não pereceu, uma vez que seus filhos estão vivos".[117] A nosso ver, há um sentimento de "salvação" na *Polonaise "Heroica"*, somado a uma conclamação de combatentes para unirem-se em favor da Polônia, levando-os em direção ao *front*. Nela se ouve, por exemplo, a conhecida marcha de combatentes – em cavalaria – a caminho do *front*, num contínuo e inebriante *crescendo* de exaltação e vitória, após o que vêm a bonança e o descanso dos que arriscaram a vida pela salvação da pátria. Para que esses elementos fiquem nítidos quando da execução da

---

114 CUNHA, 1947, p. 160.
115 Cf.: LISZT, 1945, p. 47.
116 Cf.: BOURNIQUEL, 1990, p. 126.
117 EISLER, 2005, p. 138.

peça, não se pode executá-la muito rapidamente, como, aliás, se queixava o próprio Chopin, a dizer que a excessiva rapidez na execução "destruía sua grandeza e majestade". Em última análise, a *Polonaise "Heroica"* foi também um hino – transformado, depois, em poema supraestatal – a dar voz a milhares de exilados poloneses, a partir de então capazes de "falar" – pela sua execução, entonação ou audição – em nome do espírito da unidade polonesa.

Nas *Polonaises* de Chopin, assim, o sentimento das tradições da Polônia antiga vem sempre à baila, com energia e vibração ímpares e à base de um nacionalismo representado pela (re)conquista da soberania polonesa. Não obstante impregnarem-se de temas também populares, certo é que a *alma do país* se vê sempre presente, como que numa simbiose de saudosismo e festejo marcial. Essa simbiose de temas é bastante nítida, por exemplo, na *Polonaise Op. 26, nº 2*, cuja marcação rítmica e as nuances tonais fazem lembrar uma honra de Estado; propriamente militar, porém, é a *Polonaise Op. 26, nº 3*, que exalta os vencedores de uma batalha e a conquista do *front*, com brilho militar festivo – de início – e com a alegria de uma ventura – posta no segundo tema, em *fortissimo*.

Essa solenidade presente nas *Polonaises* reflete, também, a intenção – exitosa – do próprio Chopin de entronizar-se na sociedade francesa de então como um *gran signore*, pois foi na França que as peças com tais características emergiram com maior vigor, não obstante ter ele composto a sua primeira *Polonaise* aos seis anos de idade, dedicada à sua madrinha, a condessa Skarbek – aos doze anos, compôs a segunda *Polonaise*, dedicada a Zwyny e, aos dezesseis, a terceira, dedicada ao Kolberg, sobre o tema *La Gazza Padra* de Rossini.[118]

Certo é que já no domínio de sua maturidade intelectual, Chopin transformou a *Polonaise* num cartão de visita destacado, distinto das apresentações ordinárias e capaz de assegurar-lhe o ingresso nos grandes círculos culturais franceses, sem os quais não lograria o sucesso que pretendia (e, efetivamente, logrou conseguir). A solenidade (e a pompa) da *Polonaise* chopiniana rapidamente extrapolou Paris e se espraiou pelos salões de toda a Europa, colocando o seu compositor no pedestal mais alto que a música para piano poderia atribuir a alguém.

As *Polonaises* foram, além de um hino, um chamado de atenção destinado menos aos poloneses – e à sua luta por um país livre – que

---

[118] BOURNIQUEL, 1990, p. 125.

ao grande público; mais um despertar de interesse estrangeiro pela causa polonesa que uma "convocação" à luta armada. Foi assim que Chopin fez ver ao mundo o *espírito polonês* de salvação da pátria turbada, ameaçada e quase dilacerada pelas mãos estranhas.

I.II. AS MAZURCAS

Conhecida dança tradicional polonesa, originária das planícies da Mazóvia, a *Mazurca* se apresenta como peça em três tempos a ser dançada em pares, certo de que, originariamente, o entrelaçamento do casal formava interessantes figuras e desenhos geométricos – especialmente círculos.[119] Em termos musicais, a *Mazurca* guarda a característica de conter o acento rítmico no segundo ou no terceiro tempo, diferenciando-se, assim, do ritmo de valsa – cujo acento está no primeiro tempo.

Em sua gênese, a *Mazurca* se assemelha a duas antigas danças do folclore polonês: a *Kujawiak* – provinda do Kujawy, na região central da Polônia – e a *Oberek* – também conhecida como *Obertas* ou *Ober*. Todas elas refletem, porém, cada qual ao seu modo, o espírito campestre e bucólico – a rigor, rústico – do interior da Polônia. Chopin, a propósito, declarava-se "um puro mazoviano", com isso pretendendo demonstrar sua ligação com o interior da Polônia, de onde provinham tais danças.

É fato notório que Chopin foi o grande compositor de *Mazurcas*, bem assim o seu reinventor. Escreveu 57 delas, sendo que oito não trazem número de *Opus*. Sua musicalidade reflete, repita-se, o interior da Polônia e, especialmente, a vida no campo. No âmago, porém, desse bucolismo há uma *essência* característica nas *Mazurcas* de Chopin, representada pelo "espírito da Polônia", cujo traço mais marcante está na consagração da poesia nacional como espelho dos sentimentos patrióticos. Essa *poesia* foi responsável por transportar, para a música, todo o sentimento de um povo, oprimido por revoluções e conquistas, e por dar corpo à dança em três tempos que faz rememorar – sobretudo nos poloneses – as lembranças de um passado pouco distante.

Conforme Bourniquel, as *Mazurcas* "[...] são o ápice da invenção em Chopin e, por recorrerem com frequência a temas que ignoram a escala clássica e a divisão entre tons menores e tons maiores, favoreceram – e até desculparam na época – estranhas incursões no terreno movediço da tonalidade, assim como o recurso aos modelos antigos ou orientais."[120]

---

[119] Para uma análise da dança ver: LISZT, 1945, p. 82-87.
[120] BOURNIQUEL, 1990, p. 129.

Sob o aspecto estilístico, as *Mazurcas* são como uma "literatura em si mesmas" – como diz Lenz – revestidas de grande carga e intensidade poéticas.[121] Trata-se – para falar como Jesus Bal y Gay – das obras chopinianas mais cheias de novidade harmônica, imaginação rítmica e personalíssimo lirismo, constituindo, assim, uma espécie de "gramática da língua chopiniana".[122]

A seu turno, ao passo que as *Polonaises* – não obstante o nome feminino – guardam características em tudo masculinas, certo é que nas *Mazurcas* o que se exalta é a figura da mulher.[123] Sua ambientação, nota-se, é sobretudo delicada, aparecendo a figura feminina protegida pelos braços do varão, que dá o tom de sua cadência. Prestigia-se, portanto, a mulher polonesa, mas a ela não se garante qualquer autonomia para que conclua uma apresentação *solo*. Daí porque é sempre *o homem* que faz as honras e dita as coordenadas no respectivo ambiente, *levando* consigo a mulher, dela se afastando momentaneamente apenas para admirá-la, retomando o bailado na sequência.

À evidência que não se poderá jamais compreender – e compor – as *Mazurcas* se não se conhece a *dança* que nelas se contém, bem assim os movimentos – giros, rodopios etc. – que compõem o todo e representam o "espírito da Polônia" de que se falou. Por isso é que, como destaca Liszt, as *Mazurcas* não são, na Polônia, apenas uma *dança*, mas uma poesia nacional destinada a transmitir um feixe brilhante de sentimentos patrióticos, sob o véu transparente de uma melodia popular.[124] Por isso, nem se indague ter sido a *Mazurca* chopiniana a peça-chave para a compreensão do folclore polonês nos salões europeus, à vista especialmente de sua expressividade. De fato, ao se ouvir as *Mazurcas* de Chopin se veem, por exemplo, os campos poloneses, seu povo, suas comemorações e danças típicas, e muitas vezes suas tristezas, com a diversificação que é peculiar a qualquer folclore.

Tal diversificação é, aliás, uma das características mais fascinantes das *Mazurcas* chopinianas, que vão desde o *canto* – como, por exemplo, a *Mazurca nº 31* –, passando por *elegias* – por exemplo, a *Mazurca nº 12, Op. 17, nº 3* – e por *noturnos* – por exemplo, a *Mazurca nº 17* –, sem

---

[121] Cf.: JONSON, 2013, p. 18.

[122] BAL Y GAY, 1959, p. 199 e 256.

[123] Cf.: LISZT, 1945, p. 77; GAVOTY, 1974, p. 476-477 e BOURNIQUEL, 1990, p. 130.

[124] LISZT, 1945, p. 79.

contar aquelas que afirmam temas populares *stricto sensu* – como, por exemplo, as *Mazurcas* n⁰ˢ 7, 14, 18, 24, 25, 28, 34, 47 etc. – e as que são vivazes como uma *Oberek* – por exemplo, a *Mazurca* n° 23.[125] As inovações harmônicas, no entanto, são as que nos chamam mais a atenção nas *Mazurcas*, especialmente quando Chopin incrementa o conjunto harmônico com certas notas provindas da melodia ou de *appoggiaturas*.

Em todos esses casos, as *Mazurcas* são projeções de Chopin sobre temas que ele ouvia em sua infância e adolescência na Polônia, somadas à sua inata criatividade burilante. O que fez Chopin foi revisitar na memória os temas poloneses de então para enriquecê-los melódica e harmonicamente, sem que fizesse simples transcrição de cada qual, como à primeira vista poderia parecer. Chopin, ademais, como lembra Wierzinsky, detestava os temas folclóricos já clássicos e buscava na música popular não os temas já consagrados, mas os eflúvios espontâneos da terra, tal como eles emanam, libertos das noções de espaço e tempo.[126] Assim, o recurso utilizado foi, de fato, o mnemônico, mas com o *plus* do burilamento criativo, responsável pela ampliação assombrosa dos meios melódicos e, sobretudo, harmônicos.

Esse refinamento técnico, somado à criatividade de seu compositor, fez das *Mazurcas* de Chopin as peças-chave da sua obra pianística, merecedoras de investigações mais aprofundadas. Tal não teria sido possível, no entanto, se Chopin não guardasse, dentro de si, todo o folclore e a cultura de sua terra natal, razão pela qual se afirma ter sido "[...] a Polônia e a cultura polonesa que o influenciaram inteiramente e fizeram dele um artista e um compositor perfeito."[127] À luz desse contexto, o estilo empregado por Chopin nas *Mazurcas* – alheio à virtuosidade característica de várias outras de suas composições – guarda mais intimidade com o *profundo* – em termos sentimentais e de origem natal – que com o esplendor vigorante das peças compostas exclusivamente para concerto, notadamente porque a expressão maior das *Mazurcas* tem por destinatários imediatos os próprios poloneses.[128]

---

125 Cf.: BOURNIQUEL, 1990, p. 130-131.

126 WIERZINSKY, [19--], p. 111.

127 *L'anée Chopin 1949 en Pologne*. Varsovie: Merkuriusz, 1949, p. 9 (programa dos concertos comemorativos dos 100 anos da morte de Chopin).

128 Tal é assim da mesma maneira que a *tarantella* tem por destinatários imediatos os italianos, o *fado* os portugueses, o *samba* os brasileiros etc.

Há, aqui, um caráter nacional intimista – porém, poético, em termos de fraseado e sonoridade – que deve ser bem compreendido, pois, não obstante sem vigor ou força, dota-se de dificuldade interpretativa e executória que só se supera a contento se se tem atributos natos para esse mister. O elemento *nacionalidade* encontra-se, nesse caso, intrinsecamente ligado ao musical, como se fosse a outra face da mesma moeda. Por isso, com exatidão observou Kleczynski que os compatriotas de Chopin tinham muito mais facilidade na compreensão de suas obras do que os estrangeiros, certo de que o próprio Chopin lamentava com seus alunos estrangeiros a falta das qualidades polonesas necessárias à exata compreensão de tais obras.[129]

Não há dúvida de que a utilização de escalas modais e cromáticas – estranhas à concepção musical ocidental da época – e de notas dissonantes com ritmos cruzados típicos das danças folclóricas polonesas dificulta sobremaneira a interpretação pelos que não têm – ou não são capazes de sentir – em si o assim chamado *espírito da Polônia*. De fato, há nas *Mazurcas* chopinianas um eslavismo de facetas diversificadas, mutável tonal e ritmicamente, respectivamente, na passagem de tons maiores a menores – e vice-versa – e na acentuação rítmica cambiante do segundo ao terceiro tempo. Nesse último caso, quando a acentuação deixa o segundo tempo e passa ao terceiro, o folclore que está à base da melodia vem à luz com um colorido vigoroso, como ocorre, por exemplo, na *Mazurca nº 12 (Op. 17, nº 3)*. Em casos tais, as lembranças da Polônia campestre são frequentes, não obstante sua compreensão – intrínseca – apresentar, como se disse, dificuldades de interpretação.

Atentemo-nos, também, para outra importante característica de muitas das *Mazurcas* de Chopin, que é a *modalidade*. Nesses casos, Chopin utiliza essencialmente o quarto grau sustenido do modo lídio para evocar o idioma da dança folclórica polonesa,[130] como, por exemplo, na conhecida *Mazurca Op. 68, nº 2* – composta em 1827, quando Chopin

---

129 No original: "Une circonstance favorable pour nous, c'est que nous sommes les compatriotes de Chopin. Tandis que l'étranger se fraye un passage difficile à travers des pays inconnus, nous trouvons à première vue la route véritable (surtout dans les polonaises et les mazurkas), les qualités de sa muse sont des qualités à nous, et Chopin regrettait souvent, chez ses élèves étrangers, l'absence de ces qualités polonaises." Cf.: KLECKZYNSKI, 1880, p. 89.

130 TEMPERLEY, 1989, p. 70.

tinha dezessete anos – de aura nitidamente *eslavo-oriental*.[131] Como observa Temperley, segundas e sétimas bemolizadas são também usadas de tempos em tempos nas *Mazurcas* chopinianas, como a utilização da harmonia modal na *Mazurca Op. 24, nº 2*, segundo ele uma das experiências mais originais de Chopin, pois

> [a]pegando-se rigidamente às teclas brancas, ele mesmo assim consegue construir 'modulações' que vão e voltam das 'tonalidades' de dó maior, sol maior, lá menor e fá maior – esta última com o quarto grau obviamente aumentado. Como que impacientando-se após duas páginas deste material, Chopin mergulha em ré bemol durante a seção intermediária, retornando à modalidade estrita na seção final.

E finaliza:

> A natureza basicamente modal e diatônica da mazurka de origem folclórica não impediu Chopin de explorar recursos da harmonia cromática em muitas destas suas peças. Existe nelas um bom número de exemplos das modulações cromáticas rapidamente cambiantes já assinaladas em outras peças [como, por exemplo, na *Mazurca* em dó sustenido menor, *Op. 30, nº 4*, de 1836]. Sua última obra, a Mazurka em fá menor op. 68 nº 4, é um exemplo extremo de cromatismo tanto na melodia quanto na harmonia; sua principal excursão tonal é em direção à tonalidade de lá, extremamente remota.[132]

Certo, assim, é que os elementos tonais somados aos rítmicos – junto à execução em *tempo rubato* – fazem vir à luz uma aura nacionalista, porém interiorana e campestre, que mais se compreende – e melhor se executa – quanto mais se conhece o folclore da Polônia de outrora, razão pela qual é complexa a execução das *Mazurcas* por não familiarizados com o contexto histórico-político-cultural daquele país. Numa comparação simplória, seria o mesmo que exigir de um estrangeiro não familiarizado com a cultura brasileira e os costumes de nosso país que interprete perfeitamente o *gingado* ordenado por Ernesto Nazareth logo no primeiro compasso de *Odeon*, dado ser impossível fazer "gingar" aos que não têm as expressões rítmicas brasileiras incorporadas em sua cultura desde a infância.

Quando se diz, porém, que as *Mazurcas* fazem lembrar a Polônia de outrora, não se está a afirmar serem tais lembranças exclusivamente de tristeza, senão também de felicidade do tempo em que se vivia

---

131 A expressão é nossa e não pretende conotar os chamados "eslavos do leste", senão apenas a simbiose da música eslava (europeia) com a oriental (asiática).

132 TEMPERLEY, 1989, p. 70-71. Vários outros exemplos podem ser proveitosamente colhidos em: BAL Y GAY, 1959, especialmente nas páginas 199-204.

comodamente no campo e na cidade, e especialmente de quando era desnecessário pensar em salvar o país nos campos de batalha. Está correto, portanto, Bourniquel quando diz que "[...] pelas *Mazurcas*, o músico permanece em contato com a Polônia – de uma forma mais íntima, mais pessoal do que pelas *Polonaises* – e que esta telepatia é para ele mais uma maneira de lutar contra o desarraigamento [...]." Contudo, como complementa, "[a]s *Mazurcas* parecem um pouco fora do drama nacional, como se essa dança animada, esses passos marcados, afugentassem os sonhos maus, ligando-se de uma vez por todas à terra e aos vivos."[133]

Pode-se dizer que, nas *Mazurcas*, Chopin trouxe à baila a vivacidade da "poesia desconhecida" e apenas presente nos temas verdadeiramente nacionais, enobrecendo – para falar como Liszt – a sua melodia e ampliando as suas proporções, não obstante com a manutenção do ritmo, além de interligar os novíssimos harmônicos – de tonalidades claro-escuras – com os igualmente novos temas que adaptara, tudo para pintar naquelas produções, tais os quadros num cavalete, as inúmeras emoções capazes de tocar o coração das pessoas.[134]

A partir do esquema rítmico seguinte é possível compreender a maioria das *Mazurcas* de Chopin, esteja o acento no segundo ou no terceiro tempo. No exemplo abaixo, acentua-se o terceiro tempo.

A partir dessa base bem fixada – ou seja, ritmicamente *marcada* – é que se vão desenvolver, em Chopin, os cânticos populares poloneses, seu folclore – por exemplo, as festas das colheitas – e seu particular nacionalismo. É esse o terreno fértil para o desenvolvimento melódico em *tempo rubato*[135] ao estilo e sob a influência do eslavismo, de tão complexa execução quando não se tem a condição natural para tanto, é dizer, quando não se é nacional e, portanto, não se conhece e não se sente a fundo a verdadeira significação de um folclore. Chopin, sabe-se bem, muitas vezes dizia que os franceses não logravam executar corretamente as *Mazurcas*, por não serem poloneses e não sentirem o seu ritmo como deveriam.

---

133 BOURNIQUEL, 1990, p. 129-130.

134 LISZT, 1945, p. 90.

135 Ver no capítulo "Particularidades elementares nas obras de Chopin" o subcapítulo *"Tempo rubato", supra*.

Sente-se, porém, um nacionalismo mais íntimo nas *Mazurcas* quando o acento rítmico vem no segundo tempo, notadamente quando há leve dilatação em sua duração. Alguns, nesse sentido, se referem à "[...] inquietude provocada pelo emprego do rubato [...]", que é alimento de base e característica dessa dança, concluindo que "[...] neste ritmo prosodiado está o eslavismo da melodia de Chopin."[136]

Chopin, em suma, uniu fidelidade – do folclore e dos costumes – à criatividade – rítmica e melódica – nas *Mazurcas*, com mão de mestre e espírito investigativo, pois soube extrair da dança popular de seu país os elementos necessários à transposição do folclore para a música, somados a um conjunto novo de componentes cromáticos – melódicos e harmônicos – até então não desenvolvidos. Certo é que se nada se conhecesse de Chopin à exceção das *Mazurcas*, tal já bastaria para colocá-lo no pedestal dos gênios da arte e, sobretudo, da música.

II. EXECUÇÃO DOS *IMPROMPTUS*

Impromptu – em português, "improviso" – conota, em linguagem musical, a prática de fazer música a partir de ideias ou sensações imediatas, sem preparo ou raciocínio prévios. Trata-se de música que emerge a partir de *insights* repentinos, porém com originalidade e desenvoltura. A nomenclatura tornou-se conhecida a partir de 1817, em publicação do *Allgemeine Musikalische Zeitung* relativa a uma peça para piano de Jan Václav Voříšek (1791-1825). A partir daí, Schubert e outros compositores românticos, a exemplo de Chopin, tomaram de empréstimo a ideia e embrenharam-se na composição de seus "improvisos".

Chopin compôs os seus quatro *Impromptus* (Op. 29, 36, 51 e 66) já em plena maturidade, aos 34 anos de idade, liberto, portanto, das exigências impostas pelos editores e pelo público – muitas vezes consideradas *vulgares*. Daí serem os *Impromptus* chopinianos pratos cheios para os iniciados, em que "[...] a elegância, a facilidade, a concisão, este flerte sutil consigo mesmo, tudo concorre para um jogo infalível vencido por xeque-mate, como diria Cocteau."[137]

Nos *Impromptus* de Chopin encontra-se, em grande medida, uma pianística formalizada em notas a partir de então não verdadeiramente "improvisadas", senão, ao contrário, matematicamente calculadas ao estilo próprio do compositor. De fato, não parecer crível que Chopin

---

136 FEISTAUER, 1977, p. 38.
137 BOURNIQUEL, 1990, p. 118-119.

simplesmente "improvisasse" e colocasse o improviso no papel após a emersão das ideias, pois o grau de perfeição e de meticulosidade empregados nos *Impromptus* é tão grande que, efetivamente, não parece ser algo, *a priori*, nascido do mero "improviso".[138] Aqui, Chopin, à evidência, brinca de improvisar o que não seria, jamais, "improvisável" por qualquer pianista, por melhor que seja.

Tal não significa, contudo, que os pianistas da época efetivamente não improvisassem nos concertos públicos, pois era nessas ocasiões que podiam mostrar toda a sua técnica e virtuose à grande massa. Assim também ocorreu com Chopin desde a sua estreia em Varsóvia e já como músico adulto, continuando, depois, pelos países da Europa por onde passou, não obstante o seu improviso ter restado, anos mais tarde, quando em Paris, circunscrito ao pequeno círculo de amigos em *soirées* particulares.

Chopin, de fato, era um improvisador brilhante, como atestado por muitos que com ele conviveram. Kalkbrenner, por exemplo, afirma em seu *Tratado de harmonia do pianista* que Chopin – ao lado de Mozart, Beethoven, Hummel, Woelfel, Moscheles, Mendelssohn e Camille Pleyel – era improvisador dos mais distinguidos que já existiram.[139] Tal, contudo, não significa que tais improvisos passassem imediatamente do piano à partitura, sem qualquer burilamento.

Seja como for, certo é que, naquelas ocasiões, a técnica do improviso era meio extremamente eficaz de demonstrar as habilidades do executante ao piano, tendo Chopin, por isso, pretendido imprimir os principais elementos daquelas improvisações – então verdadeiras, reais – em composições que fizessem transparecer a surpreendente "improvisação". Em outras palavras, o que Chopin fez – diz Bronarski – foi incorporar, já agora elaboradas, as ideias musicais nascidas durante os improvisos realizados nos salões e reuniões de amigos às suas obras definitivas, ao que Mário de Andrade acrescenta:

> Pois não será esse o melhor, o mais honesto, o mais humano e humilde processo de criação artística? Em última análise toda obra de arte nasce de improvisações. Mas em seguida vem o trabalho difícil, lerdo, angustioso, que elabora, corrige, poda, acrescenta, acentua, sintetiza, esclarece, e é o sofrimento grande do criador.[140]

---

138 Cf.: GIDE, 1948, p. 21 Assim também: TEMPERLEY, 1989, p. 53-54, aduzindo que "[...] com toda a certeza nem sempre ele tocou estas peças na forma em que elas foram finalmente publicadas."

139 KALKBRENNER, 1849, p. 39.

140 ANDRADE, 2006, p. 91.

Dos elementos que se acabam de expor fica claro que, em Chopin, essa "pianística do improviso" – como chamamos – se reveste de técnica complexa de execução, pois conota a maneira de tocar *como se improvisado fosse*; revela o método de execução que, não obstante seguir o que é ordenado – "imposto" – nos compassos da pauta pelo compositor, dá certa liberdade ao executante de fazer "parecer" improvisação. Daí a variedade harmônica e melódica entre os quatro *Impromptus*,[141] com trechos assemelhados a passagens de *Scherzi*, *Polonaises* e *Noturnos*, mas sem uma linha que se possa dizer *central* em termos temáticos.

A execução do *Impromptu n° 1*, em lá bemol, requer mais leveza e graça em seus "deslizamentos", à guisa de improvisação, sobretudo nas partes do tema principal – *A* e *C*. Ademais, as frases – início e fim – e os sinais de dinâmica são importantes para dar *a tônica* pretendida por Chopin na parte *B*, até o retorno ao tema de início. Já o *Impromptu n° 2* é mais pesado e rítmico, especialmente em sua segunda parte, levando a certa languidão na terceira parte e a uma tentativa de alegria – que não logra ser propriamente "alegre" pela melodia da mão esquerda – nas velozes e quase irrespiráveis escalas de cima a baixo antes da retomada do tema principal, até o final. Nele, há uma alternância entre zonas de depressão, ironia e – pouco – otimismo, vinda à tona em razão de seu estado particular de debilidade. Trata-se, em suma, de um improviso de *pesar*. Por sua vez, no *Impromptu n° 3*, em sol bemol, Chopin se aproxima do *mot* do primeiro improviso, com um ar agora mais romântico no primeiro tema e reflexivo no segundo, retomando com paixão o mesmo movimento inicial na sequência; e no movimento que precede o retorno final – com a indicação de *tranquillo e sostenuto*, com a melodia marcada no baixo – há uma evocação noturna aparente, "admirável" para falar como Bourquinel.[142]

Por fim, na *Fantasia-Improviso* – postumamente publicada – vem à tona a paixão profunda, arrebatadora, que na atmosfera noturna faz ecoar o vigor harmônico do piano chopiniano, e que, no belíssimo episódio do *moderato cantabile*, é possível entrever a entrega à paixão profunda; a atmosfera noturna retorna no *molto agitato* final, com a

---

141 O *Impromptu Op. 66*, nominado *Fantasia-Improviso*, só veio à luz graças ao labor de Julien Fontana, amigo pessoal de Chopin, que não respeitou a última vontade do compositor de não serem publicados quaisquer manuscritos inéditos após sua morte. Percebe-se, na peça, ligeira semelhança com o terceiro movimento da *Sonata ao Luar*, de Beethoven.

142 BOURNIQUEL, 1990, p. 120.

melodia do *moderato cantabile* agora transposta para o baixo, num final em tudo sublime.[143] Sobre essa peça, contudo, discute-se se sua primeira parte não teria sido baseada no *Impromptu Op. 89* de Ignaz Moscheles, razão pela qual Chopin, percebendo-se do fato, não teria autorizado a sua publicação. Para alguns musicólogos, como Bal y Gay, a primeira parte da *Fantasia-Improviso* de Chopin é "quase uma cópia" do *Impromptu* de Moscheles, provável causa de seu ineditismo.[144] Para nós, a crítica não se sustenta por qualquer maneira. De fato, basta uma análise superficial da composição de Moscheles para verificar, com total nitidez, que o desenvolvimento da mão direita não guarda qualquer semelhança com o que se apresenta no desenvolvimento da primeira parte da *Fantasia-Improviso* de Chopin. Nem melódica nem harmonicamente há semelhança – muito menos "cópia" – entre as composições de Chopin e Moscheles. E pode-se acrescentar que jamais se confundirá o que é inconfundível em termos de técnica composicional, desenvolvimento temático e recursos harmônicos, tais os presentes na incomparável *Fantasia-Improviso* de Chopin. O ocorrido, portanto, está longe de ser cópia de outra improvisação. A verdade é que Chopin não estava à vontade na publicação imediata da *Fantasia*, desejando acrescentar-lhe um *algo a mais*. O que, no entanto? A resposta nunca se irá saber, pois não há registros conhecidos sobre a sua angústia em não dar publicidade imediata à peça. A obra, contudo, é *perfeita* aos sentidos de todos os normais.

Por fim, repita-se que em todos os *Impromptus* chopinianos deve haver interpretação mais ligada à estilística do "improviso" que propriamente *à forma* originalmente concebida, pois há de fluir *à guisa* de uma improvisação, sem ser, contudo, propriamente – e verdadeiramente – "improvisado". Tem-se, aqui, portanto, imensas possibilidades de os iniciados demonstrarem sua técnica interpretativa e executória em Chopin, sob o manto aparente do "livre" e do "permitido".

---

143 Curiosamente, Chopin descontentou-se com a peça após a sua composição, relegando-a às gavetas em rechaço a qualquer tentativa de publicação. Misteriosamente, a composição logrou ser uma das mais conhecidas de Chopin, tendo o seu *moderato cantabile* servido, inclusive, de melodia à canção americana *I'm always chasing rainbows*, de 1917.

144 BAL Y GAY, 1959, p. 242.

III. POESIA DOS *ESTUDOS*

Os *Estudos* de Chopin – um conjunto de 27 composições, sendo doze peças numeradas como *Opus 10*, doze peças numeradas como *Opus 25* e um conjunto de três composições sem número de *Opus* – têm um papel fundamental em sua pianística, por terem revolucionado a maneira de se estudar profissionalmente o piano, tornando-a, para além de técnica, também *poética*.[145] Não se trata *apenas* de uma composição musical para fins de desenvolvimento de técnica, senão de verdadeiras poesias musicadas ao melhor estilo chopiniano.

De fato, enquanto os estudos de outros compositores pautavam-se basicamente em técnicas de escalas, arpejos e oitavas, os de Chopin transcenderam a mera ideia de "formação" para tornarem-se verdadeiras obras de arte, dotados de um lirismo e de uma poética ímpares, não obstante o seu alto grau de dificuldade técnica. A mágica dessa constatação está na impressão que os estudos causam ao ouvinte, notadamente no apreciador musical não pianista. Estes, ao ouvirem os *Estudos* de Chopin, não se dão conta de estarem diante de exercícios de técnica, pensando tratar-se de momentos musicais – ora maiores, ora menores, ora assemelhados a um noturno, ora a um prelúdio, ora a um scherzo etc. – compostos à base de uma cena ou de um acontecimento.

Curiosamente, os *Estudos Op. 10* foram compostos por Chopin – de 1829 a 1832 – em idade muito jovem, entre os dezenove e os 22 anos, o que conota, mais uma vez, a sua enorme genialidade. Com tais *Estudos*, Chopin já inicia a sua carreira musical escrevendo o seu "grande testamento".[146] Já os *Estudos Op. 25* foram compostos entre 1832 e 1836, e publicados na França, Alemanha e Inglaterra em 1837. As três composições derradeiras – compostas em 1839, nominados *Nouvelles Études* – foram elaboradas para integrar o compêndio *Método dos métodos de piano*, organizado por Moscheles e Fétis.

Os *estudos* para piano, sabe-se já, têm em mira fazer os executantes vencerem limitações técnicas das mais diversas, notadamente físicas. Seu propósito é levar o pianista aos graus máximos de dificuldade executória, não apenas no que tange à velocidade, senão também no que atine à independência motora e às distensões. Eles têm por finalidade fazer o executante *vencer* todos os desafios que o instrumento lhe proporciona, ultrapassando a(s) resistência(s) que o impede(m) de ir além.

---

[145] Sobre cada um dos *Estudos*, ver: JONSON, 2013, p. 33 *et seq.*
[146] BOURNIQUEL, 1990, p. 152.

A influência original que levou Chopin a escrever os *Estudos* liga-se intrinsecamente à musicalidade de Paganini. De fato, os concertos de Paganini em Varsóvia – o primeiro deles foi em 23 de março de 1829 – despertaram em Chopin o ideário e o intuito completamente lógicos para o desenvolvimento dos *Estudos*, não obstante, repita-se, tê-los desenvolvido quando extremamente jovem. A virtuosidade de Paganini, pode-se dizer, impregnou-se em Chopin tal a raiz da planta que penetra na terra para desenvolver-se. Especialmente, os vinte e quatro *Estudos-Caprichos* do violinista genovês foram decisivos para que Chopin compreendesse a importância de compor seus estudos para piano com roupagem adornada não só de técnica, senão também de poesia.[147]

Chopin, nos *Estudos*, talvez sem se dar conta, elevou ao máximo a musicalidade pianística, transcendendo os até então limites "naturais" do instrumento rumo às perfeições técnica, estética e melódica. Ademais, o esforço técnico que vem à luz dos *Estudos* chopinianos é absolutamente ímpar, por exigir do intérprete, além de elevada e perfeita virtuose, grande sensibilidade compreensiva do universo e da atmosfera próprios do compositor.

Liszt assim se expressou sobre os *Estudos* de Chopin, numa página com a qual se concorda, especialmente no que tange à riqueza de detalhes que a pessoa comum não percebe, e que a visão comum também não é capaz de sentir, dizendo:

> Seus *Estudos*, escritos quase em primeiro lugar, são marcados por uma verve juvenil que desaparece em alguns de seus trabalhos subsequentes, mais elaborados, mais completos, mais combinados, para se perder, se se quiser, em suas últimas produções de uma sensibilidade mais refinada, há muito acusada de ser extravagante e, portanto, fictícia. Nós estamos, no entanto, convencidos de que essa sutileza no manejo das nuances, essa excessiva fineza no emprego de tons mais delicados e de contrastes mais fugitivos, não tem senão uma falsa semelhança com a pesquisa de exaustão. Examinando-as de perto, somos forçados a reconhecer a visão clara, muitas vezes a intuição, das transições que realmente existem no sentimento e no pensamento, mas que o comum dos homens não percebe, como a visão comum não percebe todas as transições de cor, todas as degradações de matizes, que fazem a beleza indescritível e a maravilhosa harmonia da natureza![148]

Por tais características, é fácil perceber que os *Estudos* de Chopin são diametralmente opostos aos de Cramer, Clementi, Czerny e

---

[147] Cf.: CUNHA, 1947, p. 88.
[148] LISZT, 1945, p. 26.

Moscheles, que os produziram com exclusiva finalidade mecânica, de cunho formativo e funcional – por exemplo, velocidade, destreza, resistência, desempenho da mão esquerda etc.[149] Chopin foi além e trouxe aos estudos para piano a poesia, tornando-os vivazes, melódicos e não enfadonhos, como são os estudos de quase todos os outros compositores, cuja finalidade é tão somente funcional.

Como disse Bal y Gay, com certo exagero, estudos como os de Cramer e Clementi poderiam muito bem ser executados em teclado mudo, dada a falta de interesse propriamente *musical* de tais peças, dedicadas exclusivamente a proporcionar ao pianista armas para vencer dificuldades executórias. Em Chopin, ao revés, não se trata de estudos apenas sobre execução pianística, senão também de expressão, de sonoridade e, sobretudo, verdadeiros poemas musicais de sentido tão profundo e beleza tão alta, que ao ouvi-los praticamente se esquece o seu caráter didático.[150]

Chopin, de fato, era absolutamente contrário à mera repetição de exercícios, que, segundo ele, não levava o pianista a compreender verdadeiramente o sentido de uma execução, senão apenas a dar-lhe técnica pianística fria e destituída de sentimento. O que Chopin desejava – afirmou expressamente em seu esboço de *Método* – era, antes da aquisição da virtuosidade, que se aprendesse a "[...] arte de tocar as notas [...]", para o fim de "[...] obter facilmente a mais bela qualidade possível do som."[151] Em seu relato, Chopin diz ter aprendido, em sua juventude, com métodos inúteis e fastidiosos para o estudo do piano, que nada têm em comum com o que esse instrumento realmente requer; seria como aprender a andar com a cabeça e não como os pés, dizia Chopin![152]

Assim, a sua ideia era a de que se buscassem meios próprios de compreensão da *arte* de tocar o piano, alheios às engenhosidades que vez ou outra aparecem, sem qualquer "atletismo" pianístico, como pretendiam, por exemplo, Liszt e Kalkbrenner.[153] Mikuli, ex-aluno de Chopin, afirmou certa vez que Chopin, com sua maneira de ensinar piano, teria criado um método que permitia a redução dos exercícios

---

[149] Cf.: GANDELMAN, 1997, p. 21-22 e WISNIK, 2013, p. 34.
[150] BAL Y GAY, 1959, p. 223-224.
[151] EIGELDINGER, 2006, p. 27.
[152] EIGELDINGER, 2006, p. 41-42.
[153] EIGELDINGER, 2006, p. 44-45.

técnicos ao mínimo.[154] O que o compositor pretendia era que a musicalidade tomasse a frente da técnica, que deveria vir naturalmente, sem artificialismos. Por isso, se é certo que a *técnica* é necessária ao estudo do instrumento, não é, porém, menos verdade que o *dom artístico* ínsito a cada qual deve existir para que a musicalidade seja expressada em sua mais alta significação.

Correta, portanto, é observação de Cortot, para quem, nos *Estudos* de Chopin, não é admitida a entrada tanto do pianista sem virtuosidade quanto do virtuose sem musicalidade, ao que Bourniquel acrescenta que "[s]e os *Estudos* parecem muitas vezes aceitar uma aposta, violar certos tabus da época – o uso do polegar ou o encavalamento do quarto e do quinto dedos pelo terceiro – eles utilizam o conjunto da virtuosidade – extensão dos acordes, imensos arpejos, sinuosidades cromáticas, progressões fulminantes, desfiamento rápido de terças e sextas em tonalidades incômodas, etc... – não no sentido do efeito, mas da descoberta de uma linguagem, de uma escrita que tende a utilizar todos os recursos da mão, do teclado e da escala de harmonia."[155]

Ademais, além de dar aos dedos a perfeita autonomia, de ampliar a escala sonora, de enriquecer e renovar o tecido harmônico, de recorrer a novas fórmulas rítmicas, utilizar as síncopes, os retardamentos, os retraimentos e todos os recursos da tonalidade, numa hipérbole da virtuosidade, os *Estudos* de Chopin – ainda conforme Bourniquel – afirmaram "[...] uma transcendência em proveito do único mistério permanente: a música."[156]

À evidência que essa evolução na literatura pianística e no modo de tocar o piano causou desconforto em alguns críticos da época, que não puderam deixar de destilar o seu veneno contra Chopin, como fez Rellstab – o mesmo que, com o seu natural toque de inveja e de maldade, acusou Spontini de ter envenenado Mozart – ao se dizer escandalizado com "[...] as posições antinaturais dos acordes e as mais perversas combinações digitais [...]", chegando a aconselhar o seguinte relativamente aos *Estudos Op. 10*: "Os que têm os dedos torcidos poderão endireitá-los praticando estes Estudos; porém, quem não os têm,

---

154 *Verbis*: "Il a créé une nouvelle méthode de piano que lui permit de réduire au minimum les exercices techniques." Cf.: EIGELDINGER, 2006, p. 45.

155 BOURNIQUEL, 1990, p. 153.

156 BOURNIQUEL, 1990, p. 155.

não deverão tocá-los, a menos que tenham por perto um cirurgião".[157] Essa, de fato, como reconhecem os biógrafos de Chopin, era uma opinião que condensava a crítica de vários musicólogos da época diante das novidades técnicas trazidas por Chopin, sem se dar conta de que "[...] um dos grandes méritos de Chopin consiste em ter saltado por cima de certos convencionalismos da escola clássica e ter dado, assim, libre desenvolvimento às faculdades naturais da mão [...]", além do que Chopin estava tão identificado com o piano que "[...] não teria como estabelecer em sua obra uma dicotomia entre o estritamente musical e o estritamente pianístico."[158]

Em uma só frase: os *Estudos* chopinianos têm, para além de valor técnico-pianístico, extremo valor *musical*, com superação da técnica fria pela estética romântica, a partir da máxima obtenção da flexibilidade, do cultivo da sensorialidade tática e auditiva.[159] A propósito, Chopin não se cansava de repetir aos seus alunos – relata precisamente Carl Mikuli, seu antigo pupilo e assistente – que os exercícios de técnica não deviam ser "meramente mecânicos", e que as milhares de repetições não eram recomendadas – como, por exemplo, contrariamente advogava Kalkbrenner.[160] Ademais, como recorda Bal y Gay, o dedilhado empregado por Chopin – aparentemente tão insólito para a sua época – responde sempre a essa concorrência entre o teclado, a mão e o pensamento musical do compositor, e tanto é assim que – salvo raros casos de mãos muito peculiares – o pianista que deseje frasear corretamente a música de Chopin terá que respeitar o dedilhado original.[161] Esses fatores, somados, bem demonstram a ligação umbilical entre *técnica* e *musicalidade* nos *Estudos* de Chopin.

É certo que Chopin não legou propriamente uma "escola" pianística ou uma "tradição" pedagógica, como fizeram, por exemplo, Clementi, Hummel, Kalkbrenner ou Czerny; também nunca teve a intenção de impor sua personalidade aos seus alunos, como sempre pretendeu Liszt.[162] Não obstante, Chopin contribuiu expressivamente para a ampliação dos recursos do piano e de sua técnica, especialmente por en-

---

157 BAL Y GAY, 1959, p. 179.
158 BAL Y GAY, 1959, p. 179.
159 Cf.: EIGELDINGER, 2006, p. 27.
160 MIKULI, 1998, p. x.
161 BAL Y GAY, 1959, p. 180.
162 EIGELDINGER, 2006, p. 15.

tender que a finalidade do estudo é levar o intérprete à expressividade necessária à execução de cada composição, razão pela qual *técnica* e *concepção sonora* passam a ser indissociáveis.[163]

Em Chopin, em suma, os estudos para piano deixaram de ser meros exercícios de técnica – com exclusiva finalidade mecânica – para serem composições de alta refinação pianística e de elevado sentimento, verdadeiras obras-primas, jamais comparáveis a quaisquer outros estudos para piano publicados. Por essas razões, diz Wisnik, "[...] além de malhar pontos específicos e atléticos com uma fúria sistematizante, os estudos chopinianos focalizam com precisão problemas técnicos mais sutis, mais difíceis de abordar e inseparáveis da sensibilidade musical, que são também exigidos ao máximo: diferentes tipos de ataques (o *staccato* e o *legato*, rebatendo-se alternadamente), contrastes e contraposições dinâmicas (do pianíssimo ao fortíssimo), contrapontos de vozes melódicas insinuadas em meio a texturas complexas."[164]

Ademais, ainda segundo o mesmo autor,

> [u]ltrapassando em muito a dimensão trivial da melhoria na mão direita acompanhada por acordes ou arpejos na mão esquerda, assumindo o campo dado pelo piano como um campo de sonoridade total onde planos múltiplos se entrelaçam, se contrapõem e ricocheteiam, é como se Chopin estivesse ele mesmo estudando, nos *Estudos* e nos *Prelúdios*, com meios acústicos de alta imaginação sensível, sem falar nos seus fundamentos emocionais, a complexidade das formas ondulatórias, que o laboratório de música eletrônica permitiu conhecer e explorar cientificamente mais de um século depois, em meados do século XX (dessa vez com pressupostos antirromânticos, com uma concepção de música desvinculada de sua aura expressiva e com o som tomado como matéria dessubjetivada, como 'camadas de ar agitadas' produzidas por síntese eletrônica).[165]

Um dos *Estudos* que guarda tais características – relativas às questões técnicas dos mais sutis ataques, como, por exemplo, os *legatos* – é o *Op. 25, nº 7*, em que Chopin inicia com um misterioso fraseado – à guisa de um *Cello* – na mão esquerda[166], e, logo após, empreende um

---

[163] Cf.: GANDELMAN, 1997, p. 22.
[164] WISNIK, 2013, p. 36
[165] WISNIK, 2013, p. 36-37.
[166] Nesse fraseado da mão esquerda não há barras divisórias de compassos, tendo Chopin deixado livre ao intérprete a sua execução em tempo *rubato*. No entanto, é possível ao executante determinar certa contagem de tempo (dividido em "três compassos", com os dois primeiros em 3/4 e o terceiro em 4/4) pelo valor das notas

frutuoso diálogo em *legato* e *sostenuto* entre a melodia da mão esquerda e a recém iniciada melodia da mão direita – em que o "piano" toca, em contraponto ao "violoncelo" da esquerda –, junto a uma harmonia central em dó sustenido menor.[167] Esse estudo, assim, é particularmente interessante por não desenvolver propriamente a virtuose – salvo, evidentemente, a passagem virtuosíssima da escala crescente e decrescente da mão esquerda, especialmente no trigésimo sétimo compasso. Tal *Estudo*, como já se disse, é talvez o melhor exemplo das metamorfoses pelas quais passou a polifonia bachiana sob o tratamento intrinsecamente pianístico de Chopin.[168]

Os doze *Estudos Op. 10*, de 1833, foram dedicados a Liszt, e ele, segundo o próprio Chopin, era quem melhor os interpretava. Em correspondência enviada a Ferdinand Hiller, Chopin escreve:

> Escrevo-vos sem saber o que minha pena desenha, pois Liszt, neste momento, toca meus *Estudos* e me transporta para fora de minhas ideias normais. Eu gostaria de lhe roubar a maneira de executar meus próprios *Estudos*.[169]

Observados sob o ângulo estritamente técnico, sem levar em conta questões melódicas ou dinâmicas, certo é que os *Estudos* de Chopin respondem a exigências complexas, como, por exemplo, extensão da mão, com maleabilidade, para facilitar a execução de acordes largos – *Estudo Op. 10, nº 1* –, ataque e encavalamento dos dedos fracos, pela – à época, incompreendida – passagem do dedo três, que é maior, por cima do dedo quatro, que é menor – *Estudo Op. 10, nº 2* –, independência completa das mãos, notadamente da mão esquerda – *Estudo Op. 10, nº 4* –, emancipação

---

apresentadas, da seguinte forma: o conjunto das duas primeiras semínimas e uma colcheia dentro do que seria o "primeiro compasso" (em 3/4); a sequência das três colcheias e uma semínima dentro de um "segundo compasso" (em 3/4); e as últimas dezesseis semicolcheias dentro do que seria o "terceiro compasso" (este em 4/4).

167 Para uma análise detalhada desse *Estudo*, ver: FRANCESCHINI, 1941, 51p.

168 WISNIK, 2013, p. 38.

169 SYDOW, 2007, p. 211. Obs.: como se nota, quando Chopin escreveu estas linhas, Liszt estava ao seu lado (na ocasião também estava Auguste Franchomme) executando os *Estudos*, e todos os três escreveram *partes* da carta a Hiller. Tal fato pode levar ao entendimento (talvez correto) de não ter sido a referência feita por Chopin (à virtuosidade de Liszt) tão verdadeira e honesta como a maioria de seus biógrafos pretende fazer crer. Esse importante detalhe é omitido nas obras sobre Chopin, como, por exemplo, em: BOURNIQUEL, 1990, p. 152-159 e EISLER, 2005, p. 32.

do pulso com toques unicamente das teclas pretas – *Estudo Op. 10, nº 5* –, alteração uniforme de terças e segundas com sextas, com as notas duplas recorrendo a todos os intervalos, da segunda à sétima – *Estudo Op. 10, nº 7* –, passagem do polegar – *Estudo Op. 10, nº 8* –, extensão na escritura da mão esquerda – *Estudo Op. 10, nº 9* –, acordes de sexta quebrados que obrigam o punho a levantar-se em alavanca inúmeras vezes – *Estudo Op. 10, nº 10*, este considerado por Hans von Bulow "[...] o cume mais alto do Parnaso dos pianistas [...]" – e extensão com acordes arpejados rapidamente nas duas mãos – *Estudo Op. 10, nº 11*.[170] No que tange às questões não técnicas, como as ligadas ao discurso melódico ou ao impulso dinâmico, refira-se, por exemplo, ao *Estudo Op. 10, nº 3* – em que Chopin emprega célebre melodia à base de quintas e sétimas diminuídas, de riqueza harmônica ímpar –,[171] ao *Estudo Op. 10, nº 6* – de caráter polifônico e que lembra um Noturno – e ao *Estudo Op. 10, nº 12*, conhecido como Revolucionário, cuja eletricidade, fúria e sentimento nacionalista remetem claramente à insurreição de Varsóvia, de 29 de novembro de 1830.[172]

Os *Estudos Op. 25*, por sua vez, têm a mesma característica dos *Estudos Op. 10*, mesmo vigor, mesma sagacidade e dificuldade técnica. Contudo, tais *Estudos* – já nos referimos, por exemplo, ao *Op. 25, nº 7* – vêm agora à luz com nuances diversificadas, que espelham um Chopin mais maduro e exigente, inclusive em termos líricos, como estão a demonstrar, por exemplo, o *Estudos Op. 25, nº 1*, cuja melodia "nasce" em meio a ondas de acordes, e *Op. 25, nº 2*, especialmente em sua segunda parte, com a belíssima melodia que vem à luz em linha intermediária na mão esquerda – para falar apenas de elementos não mecânicos. Sobre a *cena* imaginada por Chopin para interpretar o *Estudos Op. 25, nº 1*, disse ele a um de seus alunos:

---

[170] Cf.: EIGELDINGER, 2006, p. 30; BOURNIQUEL, 1990, p. 156 e GANDELMAN, 1997, p. 22.

[171] Destaque-se a curiosidade de ter Chopin afirmado ao seu discípulo Guttmann que este *Estudo* – popularmente conhecido por *Tristesse* – continha a mais bela melodia que ele já compusera. E, certa vez, quando Guttmann estava a tocar o Estudo, Chopin levantou as mãos e exclamou: *Ah, minha pátria!*

[172] Cf.: BOURNIQUEL, 1990, p. 156-157 e SCHLESINGER, 1968, p. 38, este último referindo-se à visita que Titus Woyciechowski fez a Chopin em Viena, avisando-o de que "havendo um grande número de austríacos contrários às aspirações dos poloneses, estourara uma rebelião libertadora em sua terra", pelo que "os patriotas já estavam na iminência de se apoderarem de Varsóvia".

> Imagine um pastorzinho que, ao se aproximar de uma tempestade, procura abrigo em uma caverna. Ao longe, o vento e a chuva estão furiosos, enquanto o pastor improvisa tranquilamente uma melodia em sua flauta.[173]

Por fim, os três *Estudos* sem *Opus*, que originalmente integraram a obra *Método dos métodos de piano* (1840), organizada por Ignaz Moscheles e François-Joseph Fétis, voltam-se à sobreposição de ritmos, à junção do *legato* com o *staccato* e ao "três por dois", e são considerados mais *Caprichos* pianísticos do que propriamente *Estudos*, cuja intenção técnica "[...] é apenas o pretexto de um estranho refinamento de escritura e de inspiração."[174]

Destaque-se, por oportuno, que a inserção desses *Estudos* na obra organizada por Moscheles e Fétis não representou, por parte de Chopin, qualquer esforço em "fazer compreender" o seu "método" de tocar piano, senão uma fonte de renda pela publicação – Chopin cobrava por volta de 300 a 600 francos pelas peças publicadas, notadamente por grandes editores. Também as aulas que Chopin ministrava em casa para os alunos de famílias nobres parisienses não tinham qualquer condão de formar uma "escola musical", senão apenas – mais uma vez – de garantir o seu sustento.[175] Por isso, o que realmente se apreende da pianística chopiniana está nas *Escrituras sagradas* para piano, isto é, nas partituras dos *Estudos*, que se deve enfrentar sozinhos para o fim de vencer todas as dificuldades que o piano chopiniano impõe.

A "escola" de Chopin é maior que ele em seu tempo, que suas aulas particulares e do que aprenderam os seus alunos e os alunos de seus alunos... O seu "método" não é autoexplicativo, como outros métodos para piano – lembre-se, por exemplo, de Clementi, Hummel, Kalkbrenner ou Czerny –, pois só se pode conhecê-lo com uma vida toda de estudos e dedicação ao piano, mesmo que tal frustre a muitos, como a nós mesmos, especialmente se se levar em conta que os *Estudos* de Chopin foram compostos quando ainda muito jovem.

Falar, contudo, em "pianística chopiniana" conota uma delimitação precisa: a interpretação do piano *em Chopin*, única e exclusivamente – e não em Liszt ou em qualquer outro. Portanto, não se está a dizer que os *Estudos* de Chopin vencem *todas* as dificuldades técnicas do piano, senão que vencem as dificuldades das obras de Chopin, tão somente.

---

[173] EIGELDINGER, 2006, p. 100.

[174] BOURNIQUEL, 1990, p. 158.

[175] Sobre o assunto ver: CORTOT, 2013, p. 24 *et seq*.

Chopin era exímio pianista e virtuose de escol, mas sem pretensões de conquistar grandes palcos – veja-se, por exemplo, o que fez em Londres, negando-se a tocar com a Sociedade Filarmônica Real – e, portanto, de ser reconhecido como grande concertista, como por toda a vida ambicionaram Kalkbrenner e Liszt. Enquanto estes pretendiam ser imponentes ao piano, até mesmo soberbos ou "destruidores de teclas", Chopin preocupava-se com a *alma* – o encanto – que podia extrair do instrumento, sem agredi-lo.[176] Por isso, manteve-se sempre distante dos "duelos de virtuoses" que assaltavam os salões parisienses da época, pondo-se acima deles em todos os sentidos, tornando-se, por isso, figura verdadeiramente legendária e de dificílimo acesso.[177] O que pretendia era, isso sim, ser um grande e incomparável *compositor*.[178] Relata Liszt, a esse propósito, o que disse Chopin a um amigo: "Não me sinto apto a dar concertos; a multidão me intimida, me sinto asfixiado pela sua precipitada respiração, paralisado pelos seus olhares curiosos e mudo diante de suas faces estrangeiras."[179]

Fato é que, em todo o mundo, sempre haverá incontáveis concertistas com elogiável capacidade técnica e interpretativa; raríssimos, porém, são – e serão – os grandes compositores, aqueles que logram atingir a alma e o coração das pessoas. Liszt, por exemplo, explora abundantemente os trinados, os trêmulos, as oitavas quebradas e as passagens com mãos alternadas, todos com alto grau de dificuldade, capazes de exigir do pianista deslocamentos dos braços pela extensão completa do teclado, com a participação ativa dos ombros e costas. Em Chopin, por seu turno, esses elementos não apresentam interesse,[180] pois o seu estilo descarta malabarismos. Chopin, portanto, é também *único* quanto a esse quesito.

Daí se entender que os 27 *Estudos* de Chopin servem, sobretudo, mas não exclusivamente, para que corretamente se execute a obra do próprio Chopin. Quem, no entanto, vence todas as dificuldades dos *Estudos* chopinianos, muito provavelmente vencerá outras dificuldades que o piano apresente.

---

176 BAL Y GAY, 1959, p. 182.

177 TEMPERLEY, 1989, p. 41.

178 JOSEFFY, 2006, p. 2.

179 LISZT, 1945, p. 150-151. A lista completa de concertos dados por Chopin ao longo da vida pode ser encontrada em: CUNHA, 1947, p. 337-345.

180 Cf.: GANDELMAN, 1997, p. 23-24.

IV. SINGULARIDADE DOS *PRELÚDIOS*

Os *Prelúdios* são a obra-prima deixada por Chopin na literatura pianística; são as pérolas de seu conjunto musical, representantes da mais profunda entrega do seu *eu* interior para com o plano externo. Os *Prelúdios* representam o *fundo* – ou, a melhor dizer, o *teto* – da obra chopiniana, o seu mais longínquo destino e a sua mais transcendente espiritualidade. Da alegria à tristeza, da elegia à epopeia, da saúde à doença, das brincadeiras infantis às responsabilidades adultas, do passeio sob o sol ao desfile fúnebre, os *Prelúdios* descrevem paisagens e cenários musicais os mais diversos.[181] São, por isso, a mais rara e mais perfeita obra deixada por Chopin dentre todas as suas composições, é dizer, o seu "grande monumento lírico."[182]

Chopin terminou de compor os seus *Prelúdios Op. 28* no Convento de Valldemossa – próximo a Palma, em Maiorca – e os enviou a Julien Fontana em correspondência datada de 12 de janeiro de 1839, na qual se lê:

> Meu querido. Envio-te os *Prelúdios*. Recopia-os, tu e Wolff. Não creio que tenham erros. Tu darás a Probst a cópia [para a edição da Alemanha], e o original a Pleyel [para a edição francesa]. [...] Entrega tu mesmo a minha carta e o *Prelúdio* (sic) a Pleyel.[183]

Muitos dos *Prelúdios* já estavam, àquela altura, praticamente terminados, faltando apenas certo arremate, como, por exemplo, o *Prelúdio nº 24*, composto em Stuttgart em 1831; outros foram também compostos em momentos distintos, e sob diversos estados de ânimo, antes da chegada de Chopin a Maiorca. Em terra espanhola, contudo, *findou* as obras de arte consubstanciadas nos *Prelúdios*. Seja como for, certo é que, a partir do envio dos *Prelúdios* à publicação, todo o mundo rapidamente conheceu o que havia de mais profundo em Chopin, momento a partir do qual os mistérios sobre eles não cessaram mais, sendo motivo de especulação crescente até os dias de hoje.[184]

De fato, a primeira questão que vem à baila ao se estudar os *Prelúdios* de Chopin é a atinente ao motivo pelo qual o compositor nominou de

---

[181] Cf.: PIRES, 1961, p. 12. A descrição desses *cenários* nos *Prelúdios* é perfeitamente executada levando em conta o *pedal* chopiniano. Para um estudo das indicações de pedal nos *Prelúdios*, ver também: VOGAS, 2014, p. 96 *et seq.*

[182] WIERZINSKY, [19--], p. 236 e POURTALES, 1959, p. 170.

[183] SYDOW, 2007, p. 326.

[184] A propósito, ver: LEIKIN, 2015.

"*Prelúdios*" suas 24 peças *Op. 28*, se não há – à diferença dos prelúdios de Bach, sempre seguidos das *fugas* – qualquer outra peça em sequência que lhes encerre o ciclo. Essa é, também, a dúvida de autores como Gide, que se questiona: "Prelúdios a que?"[185] Outros musicólogos, no entanto, como Temperley, defendem a nomenclatura "Prelúdios" utilizada por Chopin, entendendo que "[h]á evidências de que o 'preludiar' era uma arte bastante presente e era usada no tipo de concerto dos *salons* dos quais Chopin ocasionalmente participava".[186] Se se consulta, por exemplo, o *Tratado de harmonia do pianista* de Kalkbrenner, percebe-se que o autor ensina a preludiar trazendo como exemplos vários *Prelúdios* de várias tonalidades e estilos.[187]

Portanto, a posição classificatória dos *Prelúdios* de Chopin deve ser bem compreendida, pois não guarda correspondência com os "prelúdios" das gerações anteriores de compositores, de que provém a sua maior influência. E, no que tange especificamente ao problema das "classificações", relembrem-se as observações de Liszt, para quem Chopin "[...] violentava sua genialidade toda vez que procurava adaptar-se às regras, às classificações, a uma ordem que não era a sua e não estava de acordo com as exigências de seu espírito, um desses em que a graça se desdobra sobretudo quando parece estar à deriva."[188]

Daí porque se entende – já dizia Debussy – que a música de Chopin escapa completamente ao "jogo das classificações".[189] Seja como for, não é menos verdade que os *Prelúdios* de Chopin enquadravam-se na tendência a partir de então estabelecida de satisfazer a vontade dos *salões*.

Certo é que os *Prelúdios* chopinianos não são *pré*-composições que requerem um *pós*-movimento integrativo, como é o caso dos prelúdios de Bach. Em Chopin, ao contrário, trata-se de peças independentes – algumas extremamente curtas – que criam um ambiente e uma atmosfera ímpares. Os *Prelúdios* chopinianos bastam-se a si mesmos; não dependem de sequenciamento posterior e não são "preparatórios" para um fechamento artístico integrativo. São, isso sim, vários "pedaços musicais", enfeitados e bastantes em si, escritos com desenho cromático e contrastes calcados nas doze tonalidades maiores e me-

---

185 GIDE, 1948, p. 32.

186 TEMPERLEY, 1989, p. 78.

187 KALKBRENNER, 1849, especialmente p. 40-57 (trazendo apenas *uma* Fuga à p. 58).

188 LISZT, 1945, p. 28.

189 Cf.: BOURNIQUEL, 1990, p. 10.

nores, na ordem do *Círculo das quintas*.[190] São momentos de completo esplendor ou, se se preferir, obras-primas de alta significação e intensidade. Ademais, um detalhe importante na compreensão dos *Prelúdios* é o de que hão de ser compreendidos e executados como *um todo*, dada a concepção de cada qual numa das doze tonalidades maiores e menores.[191]

Certo é que tais peças – ou *pedaços musicais* – são composições singulares, que, até mesmo, influenciaram compositores das gerações futuras, como Debussy. A propósito, na crítica que fez Liszt – na *Revue et Gazette Musicale de Paris* – sobre o grande concerto de Chopin de abril de 1841, na *Salle Pleyel*, lia-se que os *Prelúdios* de Chopin eram "composições únicas" e não destinadas "[...] a serem tocadas à guisa de introdução de outras peças [...]", senão verdadeiros momentos poéticos "[...] admiráveis em sua diversidade [...]", que demandam um detalhado exame de seu conjunto e possuem "[...] a liberdade e o encanto que caracterizam as obras do gênio."[192]

---

190 Muito brevemente, o chamado *Círculo das Quintas* representa a sequência de notas distanciadas por intervalos de quinta justa, como o seguinte: Dó (C) – Sol (G) – Ré (D) – Lá (A) – Mi (E) – Si (B) – Fá sustenido (F#) – Dó sustenido (C#). A compreensão do *Ciclo* permite, assim, conhecer quais acidentes (bemóis ou sustenidos) há na escala cromática de cada uma das doze tonalidades maiores e menores. Por exemplo, sabe-se que não há alteração (acidentes) na escala de Dó maior, quer bemóis ou sustenidos; mas, na escala de Sol maior – que está uma quinta acima da de Dó – há *uma* alteração, a nota F#; na escala de Ré maior – que está uma quinta acima da de Sol – há *duas* alterações, as notas F# e C#; na escala de Lá maior – que está uma quinta acima da de Ré – há *três* alterações, as notas F#, C# e G#; na escala de Mi maior – que está uma quinta acima da de Lá – há *quatro* alterações, as notas F#, C#, G# e D#; na escala de Si maior – que está uma quinta acima da de Mi – há *cinco* alterações, as notas F#, C#, G#, D# e A#; na escala de Fá sustenido maior – que está uma quinta acima da de Si – há *seis* alterações, as notas F#, C#, G#, D#, A# e E#; e na escala de Dó sustenido maior – que está uma quinta acima da de Fá sustenido maior – há *sete* alterações, as notas F#, C#, G#, D#, A#, E# e B#. O mesmo ocorre com as escalas relativas *menores*, que seguem idêntico paralelo de acidentes, como, por exemplo, a de Lá menor (sem acidentes, como na escala de Dó maior), a de Mi menor (com o acidente do F#, como na escala de Sol maior) e assim por diante.

191 Assim também a interpretação de: BAL Y GAY, 1959, p. 227: "Mais claramente ainda que nos *Estudos*, encontramos aqui um plano tonal preestabelecido segundo o chamado círculo das quintas [...]. Isso indica que Chopin concebeu a obra como um todo e que assim deveria ser executada e ouvida sempre."

192 LISZT, 1841, p. 244-245.

De fato, os *Prelúdios* de Chopin são "momentos musicais" que têm em si a completude necessária a uma peça autônoma, sem requerer complementação por outras; são movimentos com os quais parece ser possível sair do chão, levitar. Por isso, são pedaços musicais extremamente reflexivos, pensativos. Em uma palavra: são *singulares*. No entanto, dessa singularidade – de cada qual, isoladamente – percebe-se nascer um *coletivo musical* representado pelo conjunto da obra, somente apreensível quando se tem a exata ideia do todo e de como vieram à luz.

Para falar como Bourniquel, os *Prelúdios* não cantam uma paixão abstrata diante da vida, mas "[...] trazem a marca deste impressionismo latente, aliado a uma curiosidade que nunca repousa [...]", razão pela qual "[...] podemos falar que Chopin fez aqui o recenseamento mais vasto dos seus poderes, dos seus móveis e das suas tentações, sem divisão, sem repetições, sem qualquer complacência, desembocando a cada vez na quintessência de si próprio, e, mais que em qualquer outro lugar, 'reconhecível até nas pausas e nos silêncios' (Schumann)".[193]

Assim, nos *Prelúdios*, Chopin parece encontrar-se com os seus pensamentos mais profundos, alguns revestidos até de certa mágoa, como é o caso, por exemplo, do agitado *Prelúdio nº 8*. Em outros, como no *Prelúdio nº 4*, um *requiem* se faz presente, e a execução é simples e difícil – pela troca das harmonias da mão esquerda, com a perfeita coordenação do pedal para os efeitos harmônicos – em um só conjunto, no retrato de sua angústia, e – para falar como Aloysio de Castro – "[...] bem pode ser, como sente o compositor alemão Martin Frey, a desesperação materna ante o quadro do filho morto, crebros gemidos e um soluço que se cala, na resignação do inevitável."[194] Por sua vez, no *Prelúdio nº 10*, Chopin parece fazer uma brincadeira com alguém, à guisa de um beliscão de surpresa, em tudo fugaz, prendendo-se a reflexão na curtíssima cena. Mesmo nesse brevíssimo momento, há um tom reflexivo – do que *foi* feito, ou do que se *pretendeu* fazer – que deixa intrigado o ouvinte, evocando "[...] nitidamente o bailado das penas de águia soltas, revoluteando no ar, ao sabor dos ventos...".[195] Esse mesmo espírito reflexivo repete-se nos prelúdios seguintes, com intensidades diferentes.

---

[193] BOURNIQUEL, 1990, p. 148.

[194] CASTRO, 1927, p. 27.

[195] PIRES, 1961, p. 32.

O grande exemplo de reflexão profunda aparece no *Prelúdio nº 15*, conhecido pela imitação – na mão esquerda – das gotas de chuva a pingar incessantemente na concomitância do desenvolvimento – na mão direita – de sublime melodia, até o momento em que certa raiva toma conta do cenário e o "peso" das lamentações vem à tona; mas, passada a tempestade, volve-se à normalidade e a paz toma conta do ambiente novamente. Esse *Prelúdio* teve origem quando da temporada que Chopin passou com George Sand em Maiorca, e tem-se entendido que a sua lamúria decorre diretamente das noites chuvosas e solitárias no Convento de Valldemossa.[196] Por essa razão, a composição mais se assemelha, no gênero, a um *Noturno* que ao conjunto dos demais *Prelúdios*, notadamente em razão da lírica da mão direita – *cantabile* – e do sequenciamento rítmico da mão esquerda. Seja como for, George Sand afirmou que diversos *Prelúdios* – sem citar quais – nasceram dessa angústia, em especial um, no qual havia "[...] gotas de chuva que ressoavam sobre as telhas sonoras do Convento, gotas que, entretanto, se traduziram em sua imaginação e em seu canto por lágrimas caindo-lhe do céu sobre o coração."[197]

Pourtalès, contudo, diz estar convencido – "A nosso ver, não há dúvida possível [...]", escreve – de que o relato de Sand refere-se ao *Prelúdio nº 6*, em si menor, em que "[...] a gota de dor cai com lentidão e uma regularidade inexorável sobre o crânio do homem." Contudo, complementa: "Mas pouco importa, afinal. Cada qual o encontrará onde quiser, segundo sua própria imaginação."[198] Também Escudero Pires entende ser o relato de George Sand relativo ao *Prelúdio nº 6*, não obstante reconheça haver entendimentos diversos, como o de Liszt, que atribui o incidente ao *Prelúdio nº 8* [não se ouvem, no entanto, gotas de chuva caindo, no *Prelúdio nº 8*], e ao de Kleczynski, que en-

---

196 CASTRO, 1927, p. 34 e BOURNIQUEL, 1990, p. 79.

197 POURTALES, 1959, p. 132.

198 POURTALES, 1959, p. 132.

tende (assim como nós) tratar-se do *Prelúdio nº 15*.[199] Kleczynski, depois de dizer que a tradição universalmente adotada entende tratar-se do *Prelúdio nº 6*, agrega que, em seu sentir, a ideia das gotas de chuva relatadas por Sand não foi desenvolvida verdadeiramente senão no *Prelúdio nº 15*, ao lado do qual o primeiro – *nº 6* – não seria mais que um esboço.[200] A mesma opinião se encontra em Giacobbe, para quem, mais objetivamente, somente o *Prelúdio nº 15* responde melhor à ideia da gota d'água.[201]

Um momento de alegria aparece no *Prelúdio nº 19*, em que Chopin parece brincar no campo sob o sol, junto a várias outras pessoas. O momento é divertido – trata-se de um *Scherzo* na acepção mais particular do termo – e demonstra o prazer de estar junto de outrem, de alegrar-se e de encantar-se. Contudo, no curtíssimo *Prelúdio nº 20* – de apenas treze compassos! – há uma tristeza e um remorso profundos, verdadeiro *Zal*[202] a tomar conta de Chopin, muito próximo ao inconsolável, ao lúgubre e à morte, pois mistura forte emoção com tons taciturnos de impotência e desespero. Para Escudero Pires, os acordes pesados revelam "[...] mistério e tristeza, como num ambiente assombrado, como uma procissão de sacerdotes, ao som do "De Profundis", pelas naves escuras e ressonantes dum templo abandonado."[203] Pode-se também defini-lo como uma "lembrança fúnebre", é dizer, algo que, não sendo propriamente uma "marcha" para um funeral, representa uma lembrança (fúnebre) reflexiva de alguém que já se foi.[204]

O *Prelúdio nº 20* pode ser aqui inteiramente transcrito, recomendando-se ao executante especial atenção ao motivo presente do quinto ao oitavo compasso, subitamente repetido do nono ao décimo segundo compasso (dessa vez em *pianíssimo*) até a conclusão.

---

199 PIRES, 1961, p. 24.

200 KLECKZYNSKI, 1880, p. 26.

201 GIACOBBE, 1951, p. 95, nota 1.

202 Em polonês, a palavra *Zal* conota profunda tristeza, arrependimento e luto. Liszt, em comentário ao sentimento chopiniano, identifica o *Zal* como um "[s]ubstantivo estranho, de uma estranha diversidade e de uma mais estranha filosofia!" Cf.: LIZST, 1945, p. 36.

203 PIRES, 1961, p. 52.

204 Não concordamos, neste ponto, com Camile Bourniquel, para quem tal *Prelúdio* tem caráter de *Noturno*. Cf.: BOURNIQUEL, 1990, p. 150.

Essa assim chamada "lembrança fúnebre" é, não obstante cadencialmente dolorosa, melodicamente sublime, especialmente nos compassos quinto e nono, nos quais o pequeno canto de *lá bemol, fá sustenido* e *sol* – com a perfeita cadência de *dó, si bequadro* e *si bemol* no baixo – introduzem na atmosfera um colorido inexplicável, amenizando o tom cinza-escuro de todo o período.

Por sua vez, no *Prelúdio nº 24*, em ré menor, Chopin retoma algo de "revolucionário", à guisa de seu *Estudo revolucionário*, que evoca a retomada da Varsóvia ensanguentada e cuja execução provém do equilíbrio a ser levado a cabo entre a melodia apaixonada, revolucionária e vibrante da mão direita, com o martelamento uniforme do baixo, tudo a representar o furor da batalha, a agitação da cavalaria e a ação contínua dos canhões.[205] Aqui, Gide descobre "[...] o sentimento do inexorável, cortado por duas vezes, nos últimos compassos desse *Prelúdio em ré menor*, por um lamento dilacerante, retomado espasmodicamente na segunda vez num ritmo falseado, trôpego e como que soluçante; depois expulso pelo traço final, que termina em *fortíssimo* numa profundidade apavorante onde se toca o sol do Inferno."[206]

Isso reflete o que Chopin escrevera em seu Diário: "E aqui estou, de braços cruzados, confiando ao piano a minha angústia e desespero e quase a suplicar aos Céus que aniquile toda a humanidade." Para Escudero Pires, no *Prelúdio nº 24* resta compreensível "[...] a fúria indomável que deixa transparecer através da melodia gritante sobre um acompanhamento tempestuoso, sinistro, em fundo emocional de

---

[205] Cf.: BOURNIQUEL, 1990, p. 149 e CUNHA, 1947, p. 119-120.
[206] GIDE, 1948, p. 48-49.

extraordinária violência, para terminar com os três Rés mais graves do piano, de forma brutal, como três estampidos de canhão [...]", tratando-se de "[...] uma peça quase beethoveniana pela sua força expressiva, onde um Homem enfrenta, desafiador e altivo, as fúrias da natureza humana, sobranceiro e superior."[207]

Um caso à parte dentre todos os prelúdios de Chopin é o de número 2, em lá menor, por muitos tido como bizarro e grotesco,[208] à conta menos de sua atmosfera de marcha fúnebre e da desconcertante melodia que do incômodo vindo ao executante – e ao ouvinte – ao perceber que Chopin pretendeu, propositadamente, desfazer qualquer combinação sonora entre a melodia e a harmonia, rechaçando a simetria harmônica entre o que se está a executar em cada uma das mãos, notadamente em razão das duas vozes que se entrelaçam na mão esquerda, tal como iniciado nos dois primeiros compassos. De fato, a peça traz irritação a quem a executa, pois o conjunto harmônico-melódico é destituído de nexo, tendo por muitos sido considerada "[...] música feia e sem expressão."[209]

---

207 PIRES, 1961, p. 60.

208 Como, por exemplo, por James Gibbon Huneker.

209 CUNHA, 1947, p. 112.

Na visão de Escudero Pires, a "[...] amarga desolação de estranhas dissonâncias do baixo, seguindo o canto patético da mão direita, num andamento lento, dá um tom lúgubre, dramático, de profundo desconsolo moral, de sinistro alheamento, a esta série de angustiosas, imprecisas indecisões tonais que só ao final se definem na dominante tônica do Lá menor [...]", transformando-se, assim, em "[...] uma página de aflição, de narcose, resvalando para os confins do pesadelo doentio, da alucinação desesperada."[210]

Em razão dessas características, o *Prelúdio n° 2* foi recebido pelos críticos com desprezo, como peça "perturbadora e perturbada" e como um dos "objetos impossíveis" do romantismo tardio.[211]

É verdade que, sobretudo para o executante, o *Prelúdio n° 2* causa arrepios, especialmente por saber que foi Chopin quem o compôs – fora, portanto, de suas características já conhecidas – e que a completa falta de sincronia harmônica e melódica não se compara em nada tanto com os demais 23 prelúdios quanto com o espírito romântico do compositor. Mesmo em sua célebre *Marcha Fúnebre*, Chopin se utiliza de harmonia perfeita – redonda – e completamente combinativa com a linha melódica, o que acabou não empregando no *Prelúdio n° 2*. Por sua vez, também no *Prelúdio n° 14* há algo de fúnebre, que se aproxima, em termos de transparência emocional, do citado *Finale – Marcha Fúnebre – da Sonata Op. 35*, em si bemol menor, mas com linha harmônica compreensível e coerente, não obstante num tom desesperado e perturbador.[212] Nesse *Prelúdio*, contudo, a sensação que tem o executante não é de aflição, senão de pura concentração nos devidos acentos àquele desesperado uníssono a duas mãos despido de melodia.

Já no que tange ao *Prelúdio n° 2*, quando se o executa por vez primeira sente-se algo verdadeiramente arrepiante, não no sentido de medo, mas no de haver uma indecisão tonal e "erros" grosseiros na peça, como sustenidos, bequadros e bemóis completamente fora do lugar; o executante tem a impressão de que há falhas na edição e pretende, *per se*, corrigi-los. Contudo, numa segunda – terceira, quarta, quinta...

---

210 PIRES, 1961, p. 16.

211 EISLER, 2005, p. 80.

212 Sobre o *Prelúdio n° 14*, assim escreve Escudero Pires: "[...] neste Prelúdio, se acentua mais fortemente o tom colérico e sinistro de redemoinho enigmático, no uníssono a duas mãos. Curtíssimo, poucos compassos pesantes, em crescendo, como numa fúria avassaladora, termina rapidamente, deixando a ressoar pelo ambiente um hálito de tragédia e desespero". PIRES, 1961, p. 40.

– leitura se percebe que a harmonia equívoca tem, dentro de si, uma melodia fantasma que se inicia – para exemplificar apenas com os dois primeiros compassos – com as notas *si, lá sustenido, si* e *sol* – dedos *dois, três, dois* e *quatro* da mão esquerda, respectivamente. A mesma fórmula se repete durante toda a peça, gerando uma atmosfera fúnebre e desconcertante, exigindo do pianista o perfeito uso do pedal – a rigor, do meio-pedal – do início ao fim.

A única explicação e resposta plausível para essa composição encontra-se no que Chopin estava a vivenciar nos dias passados em Valldemossa, pois o que ele sentia e experimentava naquele lugar era, em tudo, definitivamente triste e opressor. Em razão de sua tosse, por exemplo, não lhe foi autorizado ficar em determinados alojamentos, pois sua doença, segundo muitos da ilha, poderia contaminar os que ali viviam. O tratamento como leproso, por parte dos moradores locais, trouxe a Chopin desgosto e uma raiva profunda, capazes de modificar a primeira impressão que teve do local, tal como manifestado nas primeiras cartas dali enviadas. Com passar dos dias, dada a piora em seu estado de saúde, Chopin foi se tornando cada vez mais depressivo, e a ausência dos seus era sentida como o prenúncio do fim. Daí o tom fúnebre, desarmônico e desconexo do *Prelúdio nº 2*, que só pode ser interpretado – e compreendido – quando se conhece a atmosfera em que foi concebido.

Contudo, para o fim de minimizar os "problemas" da peça é que alguns autores, como Gide, entendem deva o prelúdio ser executado sem a busca por qualquer *efeito* pelo pianista, senão com toques muito simples e, ainda, na parte mais desacorde – entre o décimo e o décimo quinto compasso – com a minimização da dissonância pelo uso – diríamos, *desuso* – do pedal ou pela técnica do *pianíssimo*.[213]

Para nós, a execução do *Prelúdio nº 2* há de reproduzir o desespero de Chopin com a doença que o acometia, e que, por tal razão, não o deixava, de fato, encontrar qualquer fim menos perturbador para a composição em apreço, não obstante a tentativa de pequena felicidade com os três acordes maiores ao final, em *mi maior, si maior* e *mi maior com sétima*, antes da caída derradeira – precedida de um *dó* – em *lá menor*.

Em suma, o *Prelúdio nº 2* de Chopin é um preparativo a um funeral – daí não ser propriamente uma *marcha fúnebre*, levando-se em conta que o funeral, propriamente, ainda não ocorreu – ou um prenúncio

---

[213] GIDE, 1948, p. 44.

à morte de alguém (dele próprio...) que esteja em estado terminal. Daí sua dissonância mal articulada – propositadamente, repita-se – e completamente *pesante*, a colocar nos ombros do ouvinte a mesma tristeza de quem está perdendo – ou acaba de perder – alguém cujo destino foi abreviado à conta da má sorte.

Aos 24 *Prelúdios Op. 28*, acrescente-se, ainda, o *Prelúdio em dó sustenido menor (Op. 45, nº 25)*, publicado suplementarmente por Chopin – três anos depois – a pedido de seu editor, Maurice Schlesinger. Em carta enviada a Julien Fontana, datada de 30 de setembro de 1841, Chopin indica – era raro Chopin se autoelogiar – que esse *Prelúdio* "[...] é bem modulado [...]" e que poderia "[...] enviá-lo sem temor."[214] De fato, há uma modulação extraordinária em tal *Prelúdio*, dificílima de se pensar em termos composicionais. Ademais, sua linha melódica, em tudo doce e reflexiva, navega acima de recursos harmônicos que atravessam, de um momento a outro, tons maiores e menores, num *sempre legato* do começo ao fim. Bourniquel, ao tempo que admite não poder "[...] sublinhar suficientemente sua sutileza poética, as tonalidades, o encanto penetrante [...]", relembra a observação de Cortot, para quem, no *Prelúdio em dó sustenido menor*, "[...] há nada menos do que trinta incursões sucessivas nas escalas de gamas diferentes, alternando do maior ao menor e do tom vizinho ao tom distante."[215] À luz dessas considerações é que autores como Jesus Bal y Gay, por exemplo, entendem tratar-se de uma das obras mais avançadas já compostas por Chopin.[216]

Um *Prelúdio* de número 26, em lá bemol maior, foi descoberto entre os pertences de Chopin e postumamente publicado – no *Pages d'Art*, em Genebra, em agosto de 1918.[217] No manuscrito original, datado de 18 de julho de 1834, vê-se a dedicatória a Pierre Wolff[218] junto à indicação de velocidade – *Presto con leggierezza* – e de execução – *legatissimo]*. Como se nota, a peça foi composta quinze anos antes da morte

---

214 SYDOW, 2007, p. 426, *verbis*: "Compus para Schlesinger um *Prelúdio em dó sustenido menor*, curto como ele desejava. Este *Prelúdio* deverá aparecer somente no Ano-Novo [...]. Ele é bem modulado e eu posso enviá-lo sem temor. Que ele me dê 300 [francos] e tome a *Mazurca*, mas não para inserir no álbum."

215 BOURNIQUEL, 1990, p. 152.

216 BAL Y GAY, 1959, p. 236.

217 Catalogado como P. 2, nº 7.

218 *Verbis*: "A mon Ami P. Wolff".

de Chopin, mas jamais publicada em vida. A explicação é a mesma das demais composições publicadas postumamente: Chopin não publicava nada que entendesse não estar tecnicamente perfeito, crendo sempre não ter produzido um trabalho à altura.[219]

Por essas características presentes nos *Prelúdios* chopinianos já é possível notar sua dificuldade classificatória e seu distanciamento das catalogações tradicionais. Por isso, pensamos, a melhor maneira de defini-los seria alocando-os no berço dos "movimentos autônomos" bastantes em si, que não fazem senão levar à reflexão de momentos particulares, porém díspares, da vida de seu autor – pois não há, aqui, como no caso dos *Noturnos,* uma linha uniforme, isto é, "noturna" de compreensão, senão momentos de pensamento desconectados uns dos outros, não obstante todos sejam reflexivos. Trata-se, enfim, de sublimação do piano à base de 24 "sentimentos" diferentes vividos por Chopin ao longo de sua curta vida.

V. SENSIBILIDADE DOS *NOTURNOS*

Não há em nosso planeta composições para piano mais tocadas e ouvidas – por todas as classes de pianistas (dos iniciantes aos concertistas) e por todo o tipo de público (do leigo ao iniciado) – que os *Noturnos* de Chopin. Por meio deles, Chopin obteve glória não obtida por qualquer outro compositor do gênero, como, por exemplo, o irlandês John Field (1782-1837). Os *Noturnos* de Chopin são, seguramente, os que mais se aproximam do âmago do compositor e os que irradiam a pluralidade dos seus sentimentos, como a amargura, a dor, a tristeza, a felicidade, a alegria, a satisfação e o prazer.

Os *Noturnos* são grandes enquanto arte e sensíveis enquanto música, representando não só um momento determinado na história da música e na da literatura pianística, senão também na ascensão artística – inicialmente europeia, e depois mundial – de seu maior expoente. Não bastasse o mosaico criativo de Chopin nos gêneros variados de suas composições, que passam por marchas militares, danças campestres, cenas épicas e chegam, até mesmo, às peripécias de infância, coube ainda espaço, em sua arte, para a significação do profundo, do labor verdadeiramente provindo do âmago espiritual do artista. Por isso, suas paisagens não têm par e podem ser consideradas peças únicas na literatura pianística mundial.

---

219 Cf.: CUNHA, 1947, p. 122.

Se é certo que Chopin se inspirou em Field – criador dos *Noturnos* para piano – e na "moda" que reinava à época, não é menos verdade que os *Noturnos* chopinianos lograram ir muito mais além que as composições similares, fazendo cair no esquecimento – atualmente, por exemplo, não se veem os *Noturnos* de Field serem executados nos programas de concerto – qualquer obra congênere de outros compositores. Tal, contudo, não retira da literatura pianística a importância das obras-paradigma, especialmente os 18 *Noturnos* de Field; conota, no entanto, a originalidade de Chopin e sua genialidade, sempre além de seus contemporâneos.

Essa metamorfose, aparecida também aqui, fez dos *Noturnos* de Chopin a peça-chave para a compreensão de grande parte de sua sentimentalidade, pois, à diferença de outras composições congêneres, Chopin atribuiu a essa categoria composicional tanto um *corpo*, como uma *alma* e um *espírito*.[220] Chopin, diferentemente de Field, inseriu nos *Noturnos* a mais aguçada sensibilidade, maior complexidade harmônica e refinamento melódico; e enquanto nos *Noturnos* de Field há beleza apenas formal, nos de Chopin há beleza verdadeiramente poética, substancial e arrebatadora. Ademais, se o *bel canto* já se fazia presente em *Noturnos* da época, certo é que em Chopin essa lírica *cantabile* se aperfeiçoou sobremaneira, dado o acréscimo de novos elementos textuais e contrapontísticos nas composições. Sob o aspecto substancial, pode-se dizer que os *Noturnos* de Chopin são a beleza e a graça em forma de música; a profundeza e a sensibilidade poéticas com feição melodiosa e harmônica; o íntimo da pureza e do amor incontido traduzido em sons.

A textura típica do *Noturno* chopiniano apresenta uma linha melódica na mão direita – para cuja execução requer-se a máxima sensibilidade musical e o emprego preciso do *tempo rubato*, sem exageros – acompanhada de uma harmonia em acordes arpejados na mão esquerda, que fornece – com o auxílio do pedal – a atmosfera necessária na qual vai se desenrolar o tema.[221] No que tange à forma, salvo raras exceções, os *Noturnos* de Chopin são peças sempre ternárias, em que a segunda parte contrasta como a primeira e a terceira faz repetir o tema inicial com contrastes e/ou variações.

---

220 A propósito, ver: BOURNIQUEL, 1990, p. 135. Para quem "[n]ão é preciso dizer que alienando o *Noturno*, Chopin conseguiu de imediato dar-lhe o que lhe faltara até então: um conteúdo."

221 TEMPERLEY, 1989, p. 56-57.

Quando se ouve, porém, a completude dos 21 *Noturnos* de Chopin tem-se a impressão de não serem exclusivamente "noturnas" as paisagens ali desenhadas, tampouco breu o lugar de sua execução. Vê-se, nitidamente, em vários *Noturnos*, o dia ensolarado com os campos floridos de girassóis amarelos, ainda longe do entardecer e do cair da noite. Também no mais famoso deles – o conhecido *Noturno Op. 9, nº 2* – não se tem mais que a passagem do dia para a noite, é dizer, o que ainda *não é propriamente noite*.[222]

A escolha do "Noturno" como gênero musical foi, portanto, acompanhando Field, uma questão notadamente mais ligada a uma estratégia de *marketing* que propriamente uma vontade – que Chopin, efetivamente, não tinha – de atribuir determinada descrição a esse conjunto de composições. O *Noturno* de Chopin não transforma em poesia somente a *noite*, senão também o *dia* e suas belezas, certo de que a nomenclatura serve apenas e tão somente para indicar o *estilo* composicional de que se está a tratar.

A característica mais marcante dos *Noturnos* de Chopin, em termos substanciais, é sua destacada *sensibilidade*. De fato, os *Noturnos* são peças únicas que fazem emergir toda a *sensibilidade do compositor*, toda a *sensibilidade do intérprete* e toda a *sensibilidade do ouvinte*. Essa tríade ou união de sensibilidades faz resplandecer um modo único de tocar a alma, só alcançável pela mão de um gênio; descortina, ademais, uma plêiade monumental de dons, capazes de tocar – e de sensibilizar – tanto quem executa quanto quem ouve, como que num toque de mágica. Por isso, os *Noturnos* são menos uma forma estilística que uma razão de ser e de viver, impregnados de espiritualidade e despidos de qualquer exasperação. Sua ambientação *sotto voce* ilustra bem a atmosfera pretendida por Chopin, em que mais se atinge o *fundo* do eu poético – e, portanto, do extremo sensível feminino – que o lado rente dos homens e de sua masculinidade.

Chopin, assim, logrou colorir os *Noturnos* – junto às linhas em *bel canto*, em seu mais nobre e puro estilo – com uma beleza e um esplendor sonoros, com uma riqueza ornamental e estilística não comparáveis a quaisquer outras composições congêneres. Ainda que, no início, pudesse Chopin ter tomado como paradigmas os *Noturnos* de Field,

---

[222] O *Noturno Op. 9, nº 2*, é o mais conhecido em todo o mundo e aquele que alavancou a fama de Chopin em Paris; também é o mais executado por jovens estudantes de piano quando pretendem conhecer os *Noturnos de Chopin*. A propósito, ver: JONSON, 2013, p. 27-28.

não é menos certo que, em suas composições, as características do canto e da fineza harmônica foram completamente renovadas, agora com uma densidade poética e um brilho ornamental visivelmente diferenciados. Como destaca Bourniquel, "[...] em pouco tempo, o Noturno distancia-se do seu modelo fieldiano; os floreados, os Gruppetti, os Arpeggiando, fundem-se no motivo melódico: o artifício um pouco declamatório desaparece em favor da sutileza do cromatismo e logo desta vitalidade secreta que sempre apresenta em Chopin a franqueza rítmica aliada à modulação harmônica [...]", pelo que o "[...] gênero tende a se enriquecer, a se virilizar [...]" e "[...] igualmente a romper o clima elegíaco."[223]

Por tais razões, os Noturnos têm lugar perfeito menos nas salas de concerto que nos salões de música, pois sua brevidade, sensibilidade, lirismo e delicadeza são sobremaneira notados em espaços menores. O próprio Chopin, ao executá-los em grandes salas de concerto, não lograva fazer chegar ao público todas as nuances que a execução impunha, sendo bem conhecidos os relatos de que, naqueles concertos, havia trechos de Noturnos que, de execução tão sensível, não se podia ouvir a contento da plateia.

Seja como for, certo é que todos esses elementos fizeram impregnar nos Noturnos características em tudo transcendentes, que só em Chopin são possíveis de encontrar, e que, mais tarde, seriam tomadas de empréstimo por outros contemporâneos seus, bem assim pela geração futura de compositores, já no século XX. Essa transcendência foi tão forte e tão sentida em todas as áreas da música que os Noturnos de Chopin conquistaram o ápice da erudição musical de todos os tempos, como nenhum outro gênero erudito logrou conquistar.

Já se disse que Chopin conseguiu, com maestria, ser completamente popular, não obstante esotérico em termos técnicos e estéticos.[224] Os Noturnos são a causa dessa popularidade e também desse esoterismo, pois, a um só tempo, atingem milhares de ouvintes ao redor do mundo e guardam a complexidade do íntimo, do profundo, do sensível e do espiritual.

---

[223] BOURNIQUEL, 1990, p. 137-138.
[224] Cf.: WISNIK, 2013, p. 14.

VI. PUREZA DAS *VALSAS*

Nas *Valsas* de Chopin há uma pureza singular – poder-se-ia pensar também em certa *infantilidade* impregnada nas peças – que as diferencia de outras valsas da época, sobretudo as vienenses.[225] Essas últimas, dançáveis por natureza, dotam-se de um ar notadamente palaciano, ritmadas para o baile de gala e seu respectivo esplendor; provêm daquilo que a origem da palavra – *waltzen*, no alemão – há muito já anunciava, isto é, o "dar voltas" pelos salões da nobreza. Em Chopin, ao revés, as *Valsas* são momentos de prazer somente auditivo, imprestáveis à dança, porém sublimes à contemplação dada a sua pureza intrínseca. Dito em outras palavras, as *Valsas* de Chopin "[...] são danças para a alma, e não para o corpo."[226]

Em verdade, apenas o *ritmo de valsa* é o que formalmente se apresenta nas *Valsas* chopinianas, dado que poderiam muito bem receber nomenclatura diversa, pois, a exemplo dos *Prelúdios*, trata-se de "momentos" ou "episódios musicais" autônomos e independentes. Se se fecha os olhos para ouvir a completude de suas *Valsas*, o que se vê descortinar no pensamento são esses "pedaços" da vida de Chopin, especialmente se se conhece a fundo a sua biografia e sua *Correspondência*. Em suma, as "valsas" da época eram coisa completamente distinta se comparadas tanto à melodia quanto à harmonia das *Valsas* de Chopin, notadamente no que tange à *linguagem* empregada em cada qual.

Se na valsa vienense a imagem por detrás era a do salão de baile, o que se vê nos momentos musicais – "valsas" – de Chopin, muitas das vezes, é uma Paris ensolarada com as ruas repletas de passantes a sorrir e a falar, como na imagem fixada por Chopin quando de sua chegada à capital francesa. Ali, sabe-se, viveu momentos felizes e tristes, a glória e a dor da doença crescente, a fantasia e a depressão, tudo refletindo na sublimação desses momentos musicais que menos se dança e mais se contempla. Por característica e por conceito, contudo, as *Valsas* são tanto mais alegres que nostálgicas, e em quaisquer delas o *brilho* é o elemento mais presente.

---

225 Tributa-se ao austríaco Sigismund von Neukomm a introdução da valsa nos palácios e cortes da Europa, a partir de 1815. Destaque-se que Neukomm veio ao Brasil – entre 1816 e 1821 – para dar aulas de música a D. Pedro I, à Princesa Leopoldina e aos demais infantes reais como a Infanta D. Isabel Maria de Bragança. A partir daquele momento, a valsa vienense fez sucesso também em terras brasileiras.

226 HUNEKER *in* CUNHA, 1947, p. 145.

Nada, portanto, comparado aos Strauss – Josef, Johann I e Johann II –, a Lanner ou aos *ländler* de Schubert se nota nas *Valsas* do nosso compositor, como ele mesmo sempre reconheceu; nada voltado ao baile de gala ou aos caprichos dos salões aristocráticos se encontra em Chopin.[227] O que se tem nas *Valsas* chopinianas é, para falar como Bourniquel, um "[...] perolado nos traços e nos arpejos, uma espécie de vibração cristalina e até um pouco de frieza – uma graça contida! – que admitiriam para alguns o subtítulo raveliano: *nobres e sentimentais* – com alguma ironia."[228] Em uma palavra, nas *Valsas* de Chopin se encontra a *pureza*, tanto da forma quanto do conteúdo, em seu estado natural, sem artificialidades. Nelas, muitas vezes, Chopin faz impregnar toda a sua juventude e as lembranças da infância, suas venturas, amores e desamores, antecipando o que Ravel faria, mais tarde, nos *poemas coreográficos*.[229]

Às vezes, até mesmo certa infantilidade – com sua alegria e ingenuidade – se vê apresentar nas *Valsas* chopinianas, a reforçar a ideia da *pureza*. São bem conhecidas, por exemplo, as anedotas do gato que brinca e escorrega no teclado com a patinha – *Valsa Op. 34, nº 3*, em fá maior, com as várias *appoggiaturas* – e do cachorrinho que gira velozmente em torno da cauda, pretendendo mordê-la – *Valsa Op. 64, nº 1*, em ré bemol, conhecida como *Valsa do minuto*, à conta de seu andamento *vivace*. Ambas se assemelham – pelos primeiros segundos de audição já se nota com facilidade – às brincadeiras típicas do universo infantil, com toda a sua graça e frescor.

Lembre-se, também, da *Grande valsa brilhante* em mi bemol maior (*Op. 18*) e da enérgica perseguição – sempre malsucedida – que faz um gato a um pequenino rato. O gato – Tom – e o respectivo rato – Jerry – são os famosos personagens infantis criados, em 1940, por William Hanna e Joseph Barbera, para cuja trilha sonora foi eleita, exatamente, essa *Valsa brilhante* de Chopin. Desnecessário dizer o porquê de a companhia Metro-Goldwyn-Mayer ter eleito a *Grande valsa brilhante* para a trilha sonora de *Tom e Jerry*: a atmosfera divertida e jocosa da *Valsa* serve como uma luva ao universo infantil, agradando as crianças – e os adultos – em cada episódio. O mesmo ocorre com o desenho *Pica Pau*.

---

227 As chamadas "valsas para dança" são, ainda hoje, executadas no Brasil em festas de casamento, bailes de formatura ou de debutantes, mantendo a estrita tradição vienense.

228 BOURNIQUEL, 1990, p. 113-114.

229 Cf.: BAL Y GAY, 1959, p. 248.

Mesmo as valsas mais lânguidas, como, por exemplo, a *Valsa Op. 34, nº 2*, em lá menor, conhecida como *Valse du Regret*, trazem em si uma pureza intrínseca, não obstante, nesse caso, voltada à desilusão amorosa da juventude.[230] Em seu segundo momento, no entanto, a mesma *Valsa* reacende uma esperança perdida, ainda que temporalmente breve, como um passeio no campo de mãos dadas junto à pessoa amada. Um amor puro e verdadeiro, sem mais. Alguns anos mais tarde, Chopin reforçaria esse amor perdido – sabe-se que foi por Maria Wodzinska – na conhecida *Valsa do Adeus (Op. post. 69, nº 1)*, em lá bemol maior – e em seu lírico taciturno, para cuja execução também se requer certa dose de melancolia. A mesma tônica, frise-se, também se repete na conhecida *Valsa Op. 64, nº 2*, em dó sustenido menor, de difícil interpretação na tradução de sua profunda tristeza, tanto em sua primeira parte quanto na segunda parte, em ré bemol.[231]

Seja como for, nada do que se acabou de verificar é comparável, ainda que minimamente, às valsas palacianas vienenses, compostas para a atmosfera própria do baile de gala. As *Valsas* de Chopin não penetram nesse universo e sua tônica varia conforme as pretensões do compositor, uma das quais, seguramente, é o emprego do *estado puro* na composição, com o alheamento à dançabilidade. Essa característica intrínseca marca a estilística das *Valsas* chopinianas de maneira singular, na medida que as distância do lugar comum das peças do gênero e as insere num universo musicalmente distinto, que abandona o tom aristocrático para fixar-se no estado puro de composição.

Como um camaleão, Chopin conseguiu, nas *Valsas*, despir-se *prima facie* de muitas das características de outras composições para reafirmar a pureza de sua infância e adolescência, descrevendo motivos musicalmente mais leves – até infantis, como se viu – que propriamente engalanados, mesmo nos temas de recordações tristes ou distantes. Assim procedendo, logrou o compositor fazer com que tais *Valsas* se sobressaíssem na literatura pianística, com estrondoso sucesso.

---

[230] Particularmente, não compreendemos como a peça foi nominada, também, *Valsa Brilhante*. Seria, talvez, à custa de sua dedicatória à baronesa G d'Ivry? Para nós, a composição é menos brilhante e mais noturna, lânguida e repleta de sentimentalismo.

[231] Cf.: CUNHA, 1947, p. 149.

VII. EPICIDADE DAS *BALADAS*

Chopin, não há dúvidas, foi um compositor dos mais inventivos, tanto sob o aspecto estético – especialmente no que tange à linguagem musical – quanto sob aspecto propriamente instrumental. Suas quatro *Baladas – Op. 23, 38, 47 e 52 –* são o culminar dessa inventividade, por fazerem emergir uma criatividade harmônica e melódica que não guarda comparação com as composições da época. Em especial, as *Baladas* guardam em si uma *cena* – épica, se dirá – em tudo misteriosa e mutável, muitas vezes assemelhada a um improviso. Para falar como Giacobbe, as *Baladas* fixam um ponto de evolução na composição musical de Chopin, por dois fatores que lhe são muito próprios: a aglutinação dos elementos expressivos e a síntese total dos elementos formais.[232]

Difunde-se a ideia de que as *Baladas* de Chopin foram inspiradas nas poesias de Adam Mickiewicz, não obstante faltarem comprovações suficientes para que se possa fazer uma afirmação categórica. Certo é que Mickiewicz – considerado o maior poeta da Polônia – teve que deixar sua terra para refugiar-se em Paris, quando se tornou amigo íntimo de Chopin, e à custa disso entende-se que as *Baladas* tiveram por inspiração as suas poesias. Foi Schumann, em um de seus artigos, que afirmou que Chopin dizia-se "estimulado" ou "animado" com os poemas de Mickiewicz, transportando essa inspiração para as *Baladas*.[233] Sabe-se, por exemplo, que nove das *17 Canções Polonesas, Op. 74*, para piano e voz, foram compostas a partir de poemas de Mickiewicz – números 1-5, 7, 10, 14 e 15. Mas, de fato, não se pode comprovar que as *Baladas* também nele se inspiraram, pelo que a confidência de Schumann deve ser tomada com reservas.[234] O que se tem notícia é que a possível afirmação de Chopin – relatada por Schumann – referia-se à *Balada nº 2*, em fá maior – *Op. 38 –*, e não às demais.

Parece, no entanto, fazer sentido a ideia de inspiração de Chopin nas *Baladas lituanas* de Mickiewicz, dada a sua narrativa *épica*. De fato, a atmosfera das *Baladas* sintetiza para o piano os cenários e as histórias que tocavam o jovem Chopin, com o detalhe do alheamento às formas fixas e predeterminadas. Se cada qual das *Baladas* foi inspirada em um poema específico de Mickiewicz, não se sabe. No entanto, é coerente o entendimento de que o mais provável é que Chopin, tendo

---

[232] GIACOBBE, 1951, p. 78.

[233] A propósito, ver: BAL Y GAY, 1959, p. 235 e BOURNIQUEL, 1990, p. 139.

[234] GAVOTY, 1974, p. 490.

lido Mickiewicz, tenha tido a ideia de escrever uma música que, por seu tom histórico, dramático e seu caráter às vezes impessoalmente narrativo, pudesse constituir algo como uma réplica da obra do poeta polonês.[235] Assim compreendida a questão, ficaria esclarecida a dúvida sobre como se interpreta a *cena* apresentada nas *Baladas* de Chopin, e toda interrogação sobre o assunto deixaria de existir.

As *Baladas* de Chopin são verdadeiros poemas instrumentais – alheios, repita-se, às formas predefinidas, à exceção dos retornos temáticos – que fazem vir à tona uma ambientação rapsódica.[236] Tal é logo sentido na introdução – no *Largo* em uníssono de sete compassos – da *Balada nº 1*, em sol menor, na apresentação da cena em que o drama irá transcorrer, à semelhança do que fez Chopin na introdução do *Estudo Op. 25, nº 7*, no famoso *Lento,* imitativo de um dolorido violoncelo. Seja como for, a verdade é que, nas *Baladas*, Chopin extrapolou no quesito inventivo, a começar pela nomenclatura que lhes serve de título.

A *Balada nº 1, Op. 23*, em sol menor, foi composta entre 1835 e 1836 nos primeiros anos de Chopin em Paris, e está dedicada ao Barão de Stockhausen – embaixador de Hanover na França.[237] Sua abertura oitavada é sóbria e imponente, e finaliza com uma harmonização de quarta e sexta sobre um *mi bemol* absoluto.[238] Seu tema principal é igualmente sóbrio e desemboca em lindíssima brincadeira oitavada, preparatória da alteração harmônica que aparece a partir do compasso quarenta e quatro e segue até o septuagésimo sétimo, quando, então, inicia-se o conhecido *cantábile* – que Chopin ordena seja *meno mosso e sotto voce* – de incomparável beleza. O tema irá posteriormente se repetir, depois da bravura que o (re)introduz, dessa vez em acordes cheios e com inúmeras variações subsequentes – que vão desde uma pequena "valsinha" até uma brilhante escala cromática. Próximo ao final, encontra-se o dificílimo *presto con fuoco* a desenvolver complexa gama cromática iniciada – no ducentésimo oitavo compasso – com o acorde de *sol menor* seguido de um *lá* natural, prosseguindo em outro acorde

---

235 BAL Y GAY, 1959, p. 235-236.

236 BOURNIQUEL, 1990, p. 140.

237 PADEREWSKI, I J.; BRONARSKI, L.; TURCZYNSKI, J, 2017, p. 7.

238 Muitas edições, já se disse, inserem um *ré* natural no lugar do *mi bemol* pretendido por Chopin. Tal é fruto das inadvertidas "correções" ao original enviado pelo compositor aos editores, pois a mesma ideia harmônica se repete no centésimo nonagésimo terceiro compasso da peça com a mesma função de introduzir o primeiro tema.

de *sol menor* seguindo de um *fá sustenido*, e findando com a mesma base em sol menor – já no ducentésimo nono compasso – seguida por um *dó sustenido*, antes do *sol menor* puro final e o sequenciamento posterior. O clima final – a partir do ducentésimo quadragésimo segundo compasso – tem sabor épico, com uma descida e duas subidas ofegantes antes das famosas oitavas finais.

Na *Balada nº 1*, o elemento-surpresa[239] aparece também na estrutura da peça, tal como explica Jesus Bal y Gay:

> Na *Balada* Op. 23 temos uma curiosa simetria, que mesmo que altere o esquema da forma-sonata, não deixa de ser tão satisfatória como esta: Introdução – 1º tema (em *sol menor*) – 2º tema (em *mi bemol maior*) – Desenvolvimento: 2º tema (em *mi bemol maior*), 1º tema (em *sol menor*) – Coda. Tal rigor da simetria intervém, ao mesmo tempo, como elemento – romântico – de surpresa, já que quando, na continuação do desenvolvimento, voltamos a ouvir o segundo tema, pensamos que aquele não estava ainda concluído e, portanto, a reaparição do primeiro tema constitui algo inesperado e dramático, que em sua brevidade – o tema está reduzido – nos leva rapidamente ao desenlace que é a coda.[240]

A *Balada nº 2, Op. 38*, em fá maior, foi composta entre 1836 e 1839 em Nohant, e está dedicada a Robert Schumann.[241] Seu início é leve e bucólico, lembrando os campos ensolarados de Nohant. No entanto, a partir do quadragésimo sétimo compasso a ira toma conta da peça no *presto con fuoco* – em *fortíssimo* – ordenado pelo compositor. A passagem é de grande dificuldade técnica, mas ainda assim não se ombreia à *Balada* anterior, quer em termos estilísticos quanto instrumentais. Trata-se, a nosso ver, mais de um "momento musical" – tais os *Prelúdios* – com nuances modulatórias interessantes que propriamente de uma "balada", se se levar em conta o sentido empregado por Chopin na *Balada nº 1*. Dada a inspiração na obra *O Świteź*, de Mickiewicz, entende-se estar aí a ideia precursora dos *poemas musicais*, que, mais tarde, Liszt levaria à orquestra com seus *Poemas sinfônicos*.[242] Não há nessa *Balada nº 2*, também, mais do que poucos temas que se intercalam após modulações consecutivas, para findar – deixando em aberto a tonalidade principal – em *lá menor*.

---

239 Ver no capítulo "Particularidades elementares nas obras de Chopin", o subcapítulo "Elementos-surpresa", *supra*.

240 BAL Y GAY, 1959, p. 236.

241 PADEREWSKI, I J.; BRONARSKI, L.; TURCZYNSKI, J, 1949, p. 21.

242 CUNHA, 1947, p. 203.

A *Balada n° 3, Op. 47*, em lá bemol maior, por sua vez, data de 1841 e é dedicada à Sra. Pauline de Noailles.[243] Há dúvidas, igualmente, sobre sua inspiração: se teria sido baseada no poema *Undine* de Mickiewicz ou no intitulado *Świtezianka*. Trata-se da peça mais tecnicamente simples dentre as quatro compostas por Chopin, não obstante ser a que mais unidade formal apresenta, tanto em termos anatômicos quanto sentimentais.[244] Seu motivo principal é gracioso e lembra uma dança de salão, realizada em pares que se dão as mãos e rodam um ao redor do outro. Outra característica dessa *Balada* é a inexistência do movimento *presto con fuoco*, presente nas *Baladas* anteriores. Por seu turno, é a única *Balada* que, diferentemente das demais, finda em tom *maior*. Na visão precisa de Bourniquel, em síntese, nesta *Balada* há fluida fascinação resultante do meio aquático e da imagem da mulher e da morte, pertencente mais à *Lorelei* de Heine e menos à *Ondina* de Mickiewicz; "acima das profundezas lacustres sugeridas pelos baixos, o *Allegretto* inicial traça leves esboços sem insistir muito, e antes no sentido de um *Impromptu*", certo de que a "jovem das águas surge da correnteza no acorde que serve como conclusão tonal a este episódio, do qual convém assinalar – por uma ligeira acentuação do *lá bemol* superior – o caráter simultaneamente misterioso e cristalino para introduzir a cadência pesada do segundo tema"; por fim, as "sinuosidades da mão direita suscitam bem a imagem de uma evolução aquática, miragem luminosa", devendo o "executante evitar a velocidade e manter 'esta graça interpretativa', esta presteza límpida que é o contrário da pressa e subentende a fórmula francesa da *interpretação perolada* (Cortot)."[245]

Por fim, a *Balada n° 4, Op. 52*, em fá menor, foi composta em 1842 – e revista em 1843 – em Paris e Nohant, e dedicada à Sra. Nathaniel de Rothschild.[246] A dedicatória à baronesa Rothschild diz muito, pois se sabe que, entre abril e maio de 1832, Chopin – recém chegado a Paris – tocou na residência do barão James de Rothschild, momento a partir do qual tornou-se conhecido da noite para o dia, conquistando toda a sociedade parisiense. A dedicatória, portanto, representou o agradecimento de Chopin, dez anos depois, pelas portas que lhe abriram os Rothschild na capital francesa. Entende-se ter sido essa *Balada*

---

[243] PADEREWSKI, I J.; BRONARSKI, L.; TURCZYNSKI, J., 1949, p. 30.
[244] BAL Y GAY, 1959, p. 238.
[245] BOURNIQUEL, 1990, p. 143-144.
[246] PADEREWSKI, I J.; BRONARSKI, L.; TURCZYNSKI, J., 1949, p. 41.

inspirada na lenda lituana dos *Três irmãos Boudrys*, de Mickiewicz, que narra a saga de três irmãos que são enviados pelo pai para buscar um tesouro – "caudas de marta e véus de prata" – e retornam à casa, depois de serem tidos como mortos, com "noivas do país Lechita". No que tange à estrutura, o que se nota é a deformação – "magistral", segundo Abraham – da forma-sonata, pois, se é certo que nela se encontram as linhas gerais dessa forma, não é menos verdade que aqui aparecem aproveitadas com uma liberdade dirigida pela lógica derivada do material temático.[247] Sobre as características intrínsecas da *Balada nº 4*, foi feliz Bourniquel ao descrevê-las, entendendo tratar-se de peça menos impregnada de romantismo e que evolui livremente para a *fantasia*, com antítese temática menos marcada – se comparada à terceira *Balada* – e cuja sutileza da escrita tende ao estilo polifônico, razão pela qual Cortot nela descobriu "[...] os acentos precursores do impressionismo [...]", que fazem parte, juntamente com a *Barcarola*, a *Berceuse*, as últimas *Mazurcas* e os últimos *Noturnos*, do sobressalto característico do gênio de Chopin nos últimos anos: ela – conclui Bourniquel – abre a mensagem para o futuro, mas foi necessário nada menos do que toda a evolução da música desde então para que esta obra, ao mesmo tempo límpida e secreta, que ora parece ser envolvida por uma auréola, por uma irradiação quase irreal, ora dilacera sua própria miragem com uma energia veemente, se ilumine em suas menores dobras.[248]

VIII. DRAMATICIDADE DOS *SCHERZI*

Compostos entre 1831 e 1842, os quatro *Scherzi* de Chopin são um misto de energia e graça, somados a uma grande dificuldade executória. Em ambos, o nosso compositor faz impregnar as características do *piano-orquestra*,[249] razão pela qual há de ser grande a reserva de força do executante, sem contar todas as complexas questões técnicas complicadoras de uma execução perfeita.

Do *Scherzo* beethoveniano, que substitui o minueto na sinfonia, Chopin conservou apenas o compasso ternário e o ritmo precipitado, com uma ironia amarga e frequentemente agressiva.[250] Aqui, também, a

---

[247] BAL Y GAY, 1959, p. 239.

[248] BOURNIQUEL, 1990, p. 144.

[249] As características do *piano-orquestra* já foram analisadas no primeiro capítulo, no subcapítulo "O piano-orquestra", *supra*.

[250] BOURNIQUEL, 1990, p. 116.

obra é completamente *autônoma*, alheia à sonata ou à sinfonia, tais os *Prelúdios*, que, em Chopin, não antecedem as *Fugas*, mas comportando – para falar como Bal y Gay – "[...] largas dimensões e caráter fantástico, não humorístico, de um lirismo apaixonado e às vezes trágico."[251]

Scherzo é uma palavra italiana que significa "brincadeira", "anedota", "piada". Algo, portanto, de cômico ou engraçado deveria existir nas peças para piano assim nominadas. No entanto, nos *Scherzi* de Chopin não se percebe qualquer "brincadeira", "anedota" ou "piada" sonora, senão a existência de uma atmosfera dramática e perturbadora que se desenvolve com alguns momentos de graça *cantabile*. Não se compreende, pois, como Chopin nominou de "brincadeira" o que nada com essa característica se apresenta, impondo senão um véu de melancolia por sobre a composição. A única intepretação possível, portanto, das "anedotas" chopinianas, seria entendê-las como *danças trágicas*, ou, se se quiser, *dramáticas*, e nada além disso.[252] Aqui, para falar como H. Bidou, "[...] o músico, e talvez o artista em si, morre com o seu segredo."[253]

Se se pudesse traduzir em uma palavra – não obstante completamente insuficiente para tanto – os *Scherzi* de Chopin, a palavra seria *energia*. Uma energia inquieta e alucinante que o gênio de Chopin fez transcender a brincadeira para alcançar toda a sua virilidade, ainda que cenográfica. No âmbito dessa energia há tanto *vitalidade* quanto *agressividade*, não raras vezes empregadas com ironia. Certo é que se trata – em ambos os casos – de uma cena noturna e sombria, em que o arrebatamento pretende encontrar incessantemente a luz. Contudo, ao não lograr encontrá-la de imediato, aguarda a aurora numa noite em claro; e, amanhecendo o dia, absorve o que resta de sua energia para explodir num *gran finale*.

A respeito dos *Scherzi* de Chopin, a análise de Bourniquel merece ser transcrita, quando diz:

> Da definição deste ('brincadeira') ele conserva somente a ideia de uma liberação das profundezas. Em nenhum lugar parece ceder, assim, às pressões de um organismo sobrecarregado. É a própria linguagem da paixão sob todas as suas formas, numa obra que, ao contrário, em pleno romantismo, parece querer fazer da reticência uma ética. Em nenhuma outra parte, Chopin é mais viril, mais carregado de energia vital. Esses *Presto con Fuoco*

---

[251] BAL Y GAY, 1959, p. 232.

[252] A conotação dos *Scherzi* como danças trágicas vem de Cortot. A propósito ver: GAVOTY, 1974, p. 494.

[253] BIDOU, 1935, p. 102.

trazem uma espécie de movimento perpétuo, onde o elemento cantante da parte mediana acaba por ceder a este clima frenético. Poemas longamente desenvolvidos (seiscentos e vinte e cinco, oitocentos compassos...), e isso também se acrescenta a esta força incoercível cujo transe é aqui aceito pelo médium.[254]

O *Scherzo nº 1 (Op. 20)* foi composto entre 1831 e 1832 e está dedicado a Thomas Albrecht. Chopin, portanto, tinha entre 21 e 22 anos de idade e era presença cativa nos mais requintados salões da época. A peça comporta uma atmosfera alucinante e desesperada, de altíssima virtuose e grande expressividade. O seu início *presto con fuoco* coloca o ouvinte num enorme redemoinho, sugando-o para baixo com força descomunal. Há, ali, um maremoto dramático que somente encontra paz numa interrogante *pesante* ao final do período, com direito à repetição. Depois, Chopin ingressa – no *agitato* – em nova forma de cadência espiral, agora com um canto de certa fora agressivo, volvendo ao tema inicial novamente – e novamente no segundo tema. Apenas a partir do tricentésimo quinto compasso – ordenado *molto più lento* (♩ = 108) – é que o nosso compositor se acalma e verdadeiramente *canta* aos expectadores, sempre *sotto voce e ben legato*. Quando dessa calmaria temporária, o que se ouve é a antiga canção de Natal polonesa *Dorme, Jesus menino, dorme, meu pombinho*, que Chopin prolonga, no *a tempo*, com motivos originais seus, à guisa de uma "figuração cantante", para falar como Herman Albert – formando, pois, a melodia a partir de uma figura do acompanhamento.[255] Depois, já no tricentésimo octogésimo nono compasso, o *Tempo I* retorna e, agora, a ordem é que seja executado *molto con fuoco*, sempre em crescendo e rumando ao ciclone tempestivo que anteriormente já se ouviu, e o mesmo desenho se repete até o quingentésimo sexagésimo nono compasso. O ambiente é ainda mais desesperador, e a angústia começa a vencer a paz. Com um *si* natural oitavado no quingentésimo sexagésimo nono compasso, inicia-se a preparação final, que chega furiosa, raivosa e completamente agressiva, findando e *fortissimo* em *si menor*. A peça foi editada em Paris por Maurice Schlesinger, em 1835, sob o título *O banquete infernal*, causando profunda ira em Chopin – que, como se sabe, não autorizava colocar título em suas obras. Seja como for, certo é que o *Scherzo nº 1* guarda um *peso* angustiante em si, que talvez o nome atribuído pelo editor francês corresponda mais proximamente à sua real ambientação.

---

254 BOURNIQUEL, 1990, p. 117.
255 BAL Y GAY, 1959, p. 232 e CUNHA, 1947, p. 220-221.

O *Scherzo nº 2 (Op. 31)* foi composto e publicado em 1837 e dedicado à condessa Adèle de Fürstenstein. A composição inicia orquestralmente[256] com a demonstração das potencialidades harmônicas do piano em elevadíssimo grau, com uma *pergunta* inicial *soto voce* – na sequência do *si bemol* e da quiáltera de *lá bequadro, si bemol* e *ré bemol*, no primeiro e segundo compassos – seguida da *resposta* orquestral em *fortissimo* – do quinto ao nono compasso –, com mais três sequenciamentos – perguntas e respostas – de idêntico desenho depois. Há breve preparação escalante – do quadragésimo nono ao sexagésimo quarto compasso – para a entrada em cena de um belíssimo e gracioso canto lírico, que faz lembrar os anos de glória que Chopin passou em Paris.[257] O primeiro tema é repetido antes do final em uma coda brilhante. Os altos e baixos do teclado, somados à *onda* harmônica que se desenvolve, faz lembrar um arrebatamento. Do ponto de vista tonal, é interessante a observação de Bal y Gay, para quem, não obstante nominar-se *Scherzo em si bemol menor*, certo é que a peça não está escrita senão em *ré bemol maior*. Os primeiros quarenta e oito compassos contêm algum *lá* natural que, com os cinco *bemóis* da armadura, parece indicar a tonalidade de *si bemol menor*; mas é certo que de todos os movimentos cadenciais que se sucedem, os mais enérgicos e melhor definidos pertencem à tonalidade de *ré bemol maior* e *fá menor*, e os que defendem a tonalidade de si bemol menor encerram uma certa vaguidão devida a que neles se emprega como primeiro acorde o de *sétima de segundo grau*, com o qual tem-se em jogo dois acordes que podem igualmente pertencer à tonalidade de si bemol menor ou à de ré bemol maior; ademais, após essa espécie de introdução segue uma frase em *ré bemol maior* que modula para *sol bemol maior*, para terminar com toda firmeza em *ré bemol maior*.[258] Daí a observação de Bal y Gay de que dizer, pelos dois primeiros compassos – nos que se arpeja o acorde de *si bemol menor* –, que esta peça está em si bemol menor é tão absurdo como seria assegurar que a *Primeira sinfonia* de Beethoven está em *fá maior*, pelo simples fato de que começa com a *sétima* de dominante e tônica dessa tonalidade, concluindo que este atacar a tonalidade principal pela sua retaguarda é uma característica marcante de Chopin, em cuja arte o elemento surpresa tem um papel extremamente importante.[259]

---

256 Já foi visto no primeiro capítulo, no subcapítulo "O piano-orquestra", *supra*.

257 Esse canto, no entanto, deve ser – disse Chopin a Lenz – entoado à moda italiana e não ao estilo francês. Cf.: EIGELDINGER, 2006, p. 120.

258 BAL Y GAY, 1959, p. 233.

259 BAL Y GAY, 1959, p. 234.

O *Scherzo nº 3 (Op. 39)* foi composto entre 1838 e 1839 em Paris e no mosteiro de Valldemossa, Maiorca. Neste último, Chopin passou por diversas atribulações, desde o avanço da doença incurável até a discriminação e o preconceito para com o seu estado de saúde. A edição do *Scherzo nº 3* data de 1840 e está dedicada a Adolphe Gutmann, que foi um dos alunos mais próximos de Chopin. A peça tem estrutura e melodia menos ricas que as das composições anteriores, não obstante ter pretendido Chopin, igualmente, levar o ouvinte ao drama, sempre *pesante* e alheio a qualquer "brincadeira" ou "jogo". A peça inicia *presto con fuoco* com degraus oitavados em tudo dramáticos, típicos de aberturas teatrais, assim prosseguindo até o centésimo quinquagésimo terceiro compasso; pode-se perceber certa influência beethoveniana nesse início, mas sempre ao estilo da ironia chopiniana. Depois desse momento oitavado e dramático há uma modulação que leva a um interessante *coral*, por sobre o qual o compositor faz *cair estrelas* em forma de colcheias brilhantes, matizando a ambientação do período. Há, posteriormente, certo esforço em completar a *ligação* desse tema com o retorno ao tema principal, em compassos que, de certa maneira, "forçam" a entrada do tema primeiro e, novamente, fazem reaparecer o *coro*, dessa vez com nova melodia, por sobre a qual caem também as *estrelas*... A seguir, rumo ao final, aparece uma sequência de acordes "brilhantes" que desembocam em frenética cadência, em tudo torturante e virtuosíssima preparatória ao *gran finale* em *fortissimo*.

Finalmente, o *Scherzo nº 4 (Op. 54)* foi composto entre 1841 e 1842 em Nohant e Paris, editado em 1843 – em Londres, em 1845 – e dedicado a Jeanne de Caraman – na versão inglesa – e a Clotilde de Caraman – na versão francesa.[260] Em carta enviada a Leipzig aos editores Breitkopf & Hartel, em 15 de dezembro de 1842, o nosso compositor dizia vir "[...] propor um *Scherzo* (por 600 francos) [...]",[261] permitindo, assim, identificar o período de sua composição. Dentre os *Scherzi*, este é o único escrito em tom maior, cujo clima "[...] é de fato muito mais luminoso, como se os três primeiros constituíssem uma espécie de purgatório patético."[262] Outra característica que afasta esse *Scherzo* dos três precedentes é a sua cena melódica, sobremaneira

---

[260] Jeanne e Clotilde de Caraman eram irmãs e ex-alunas de Chopin. Não há explicação ao fato de Chopin ter dedicado o mesmo *Scherzo* às duas irmãs, cada qual em edições distintas.

[261] SYDOW, 2007, p. 459.

[262] BOURNIQUEL, 1990, p. 118.

mais lírica, caprichosa e colorida que a dos demais, bem assim mais festiva nas partes primeira e terceira, e lânguida e muito lírica na parte central.[263] Para Bal y Gay, "[...] se se toca respeitando as indicações dinâmicas postas pelo autor, esta obra resulta uma delícia e, isenta como é todo elemento dramático, constitui uma antecipação de muitas coisas que admiraremos em Debussy e Ravel."[264] Certo é que há várias passagens de brilho no início da peça, ainda que seja *fosco* e pretendendo "brincar" sem gracejo; mas a cena anterior parece desimportar quando o apaixonado *canto lírico* tem início a partir do tricentésimo nonagésimo terceiro compasso, com um andamento *più lento* e em que o tempo *rubato* pode ser utilizado com parcimônia. Trata-se do menos popular de todos os *Scherzi* de Chopin, demandando o seu entendimento aprofundado conhecimento da obra chopiniana.

Para além desses *Scherzi* analisados, há também outros insertos em determinadas obras, como, por exemplo, nas Sonatas. O *Scherzo* que se apresenta na *Sonata nº 2 (Op. 35)* é melodramático e preparatório para o conhecido movimento da *Marcha fúnebre*, evoluindo para um cantar reflexivo com perguntas e respostas, à guisa de um pensamento que atinge o distante – na mão direita – e que volve à realidade – na mão esquerda – para, na sequência, retornar ao tema principal até o fim. Na *Sonata nº 3 (Op. 58)* o *Scherzo* guarda, de certa maneira, certo tom de brincadeira, mas só em seu início – que Chopin ordena seja executado *molto vivace*. O que vem depois, em belíssima e misteriosa polifonia, nada de jocoso contém, sequer no fugaz e derradeiro retorno do primeiro tema, agora impregnado de drama. Assim, também em ambos esses *Scherzi* a dramaticidade toma o lugar de qualquer eventual gracejo, confirmando tudo o que se disse sobre as características das "brincadeiras" chopinianas.

Enfim, na literatura sobre os *Scherzi* não há explicação plausível sobre o porquê Chopin nominou-lhes "brincadeiras" se, em verdade, nada de jocoso existe nas peças que se acaba de analisar. Contudo, a análise que se fez acima é, *per se*, indicativa das intenções do compositor, sempre menos ligadas a algo jocoso – ou infantil – que ao drama de um verdadeiro gracejo de mau gosto. Trata-se de mais uma ironia de Chopin, de difícil compreensão.

---

263 BAL Y GAY, 1959, p. 234.
264 BAL Y GAY, 1959, p. 234.

IX. À GUISA DE CONCLUSÃO

Certo é que não há "conclusão" possível sobre o conjunto da obra e da complexa pianística chopiniana, senão apenas impressões musicais de quem procede à sua análise, tomadas a seu gosto e à sua maneira, ainda que com método, de certa forma, previamente conhecido. O ecletismo do conjunto da obra e da pianística de Chopin tornam dificultoso chegar à conclusão única sobre o significado de cada qual, à luz tanto de sua organicidade quanto das variações provindas da pena do próprio compositor através dos anos.

Conosco, nada de diverso poderia ocorrer, dadas as impressões obtidas e seu impacto no conjunto dos nossos interesses, ainda que a visão global da obra permita desvendar características em tudo gerais. Assim é que, no campo da análise dos elementos de pianística chopiniana, restaria pouco a "concluir", além das observações que já se fez durante a sua investigação. Seja como for, seria possível arrematar uma impressão *final* que nos dão os elementos de pianística investigados.

Tout court, a pianística chopiniana não guarda paralelo em seu tempo e além dele, por mais que outros compositores – como, por exemplo, Liszt – pretendessem superá-la. Tanto em termos de criatividade musical quanto sob a ótica estritamente técnica, certo é que a obra pianística de Chopin só é bem compreendida quando se conhece a fundo elementos importantes – fases, fatos, momentos etc. – de sua vida pessoal, desde a saída da Polônia até o auge de sua carreira em Paris. Sem uma análise conjunta de sua vida e obra, não é possível interpretar a tônica musical de Chopin, tampouco as nuances e os detalhamentos – bem assim as marcações, até mesmo rítmicas – presentes em todas as suas composições, muitas vezes indecifráveis *a priori*. Daí porque muitos tomam por verdadeiras incógnitas várias de suas criações, a exemplo do *Prelúdio nº 2*, em lá menor. Portanto, o *momento* da composição – data de início e fim – e a *fase* da vida àquela altura – venturas ou desventuras ocorridas – são fatores determinantes para a correta interpretação da música de Chopin, sem o que não haverá execução minimamente coerente.

Para além do sabor mítico que envolve todo o universo chopiniano, certo é que suas composições, vistas em conjunto, são obras de notória superioridade intelectual, elaboradas como que sem dificuldade e com toque de mágica, capazes de ir da alegria à tristeza, do amor ao ódio, do brilho ao lúgubre, da serenidade à ira, do bucólico ao urbano e da paz à guerra sem fugir ao âmago interior – sempre doce, expressivo, nobre e cortês – do compositor, como se um caule único, fixado à terra, sustentasse galhos com milhares de folhas de diversos matizes e intensidades. Essa pluralidade de atmosferas, somente possível pela mão de um gênio, transforma a obra de Chopin em *única* na face da Terra, a brindar todos nós e as gerações futuras.

Passam-se os anos e os especialistas não logram concluir, de maneira uniforme, inúmeros aspectos da obra chopiniana, em razão de todas essas nuances, que dificultam compreender todo o labor intelectual do compositor. Daí ser mais coerente analisar obra por obra, separadamente, do que pretender extrair de sua completude um significado uniforme. O conjunto mínimo de temas (estudos, noturnos, baladas, valsas etc.) pode, também, dar pistas sobre um pretenso espírito geral de cada qual, mas tal não retira a singularidade de cada trabalho individualmente considerado, mesmo que inserto em um ou outro catálogo temático.

Há, contudo, um *Zal* comum na obra chopiniana que conota a memória do tempo distante e o inconsolável, o amor à pátria e seu reverso, traduzidos em harmonia e melodia *cantabile* à moda italiana, sem o que a sua atmosfera não se completa, não se aperfeiçoa por qualquer maneira. Esse *Zal*, de difícil compreensão, e, mais particularmente, de complexa execução na "voz" do teclado, só toma conta dos espíritos preparados, entregues ao universo do compositor e abertos à sua dor, se não equiparável àquela original, só sentida por quem verdadeiramente a tem, ao menos incorporada junto ao que de mais profundo há dentro de nós, à guisa daquilo que se chama *amor*.

PARTE II: ALGUMAS IMPRESSÕES SOBRE A VIDA DE CHOPIN

O amor da pátria (e à pátria)

"Nós lembramos sempre que vós não vos chamais *Chopinski* ou outro nome que mostre ser de polonês, pois assim os franceses não poderiam disputar a glória de serem vossos compatriotas [...]", escreveu Maria Wodzinska a Chopin, em setembro de 1835.[265] Esse sentimento polonês, bem representado nessa correspondência, iria se espraiar com mais intensidade tempos depois até os dias atuais, fazendo de Chopin o maior ídolo polonês e grande representante dos sentimentos poloneses ao redor do mundo.

A "vontade" polonesa de manter o seu ídolo com força sempre maior deve-se, seguramente, ao fato de Chopin ter herdado 50% de sangue francês do pai, Nicolas Chopin, nascido na aldeia de Marainville, em Lorena, em 15 de abril de 1771.[266] Nicolas ensinou ao pequeno Frédéric o francês que, anos mais tarde, ele falaria durante toda a estada na França, local onde aprendeu nova forma de convívio social e seus horizontes foram sobremaneira ampliados.

Essa "saída" da cena polonesa para a cena francesa – na França, Chopin passou a maior parte de sua vida adulta – sempre fez nascer nos poloneses uma vontade de fixação da imagem de Chopin ao espírito da Polônia, o que não deixa de ser justo em razão da nacionalidade polonesa do compositor. A isso, também, se soma o fato da França nunca ter reivindicado qualquer parcela de "paternidade" a Chopin, pois já foi bastante o fato de Chopin ter escolhido a França para passar a maior parte dos seus dias e, consequentemente, compor a maioria de suas obras de maturidade.

---

265 SYDOW, 2007, p. 246.

266 O local e a data do nascimento de Nicolas Chopin podem ser confirmados pela Certidão de Nascimento do pai do compositor, descoberta em 1926, a afirmar que: "Nicolas, filho legítimo de François Chopin, carpinteiro, e de Marguerite Delfin, sua esposa de Marainville, nasceu no dia quinze e foi batizado no dia dezesseis de abril de mil setecentos e setenta e um..." A propósito ver: BOURNIQUEL, 1990, p. 16 e WIERZINSKY, [19--], p. 13.

Para alguns, como Camille Bourniquel, parece ser "[...] um acontecimento muito estranho – e, ao que parece, irritante para alguns – que um artista que 'se tornou o símbolo da Polônia' tivesse um nome tão pouco 'sármata', tivesse cinquenta por cento de sangue francês, tivesse passado quase toda sua existência adulta na França, lá tivesse encontrado a consagração e os meios para viver de sua arte e, finalmente, que a mulher mais importante de sua vida fosse uma francesa – pior ainda, a mulher mais célebre do século."[267]

Tudo isso, porém, não foi suficiente para que a Polônia minimizasse, por qualquer maneira, o seu amor por Chopin, senão para que o seu ardor pelo compositor aumentasse sobremaneira. O amor *da pátria* pelo seu ídolo é, nitidamente, cada vez mais intenso e se justifica tanto pela nacionalidade polonesa de Chopin quanto pelas obras ligadas intrinsecamente à Polônia, para citar apenas as *Polonaises* e as *Mazurcas*.

No dia seguinte à morte de Chopin, o poeta polonês – e amigo de Chopin – Cyprian Norwid, escreveu estas palavras como homenagem de despedida, em que se nota o sentimento polonês de pertencimento exclusivo de Chopin à Polônia:

> Por ele as lágrimas do Povo polonês dispersas pelos campos juntaram-se no diadema da humanidade no diamante do belo, como cristais de harmonia singular.
> Isto é – o máximo que um artista pode fazer, e é isto que Frederico Chopin fez.
> Passou quase toda a sua vida (porque a parte principal) fora do país pelo país. Isto é, o máximo que um emigrante pode conseguir, e é isto que Frederico Chopin conseguiu.
> Está em toda parte – porque sabiamente convivia com o espírito da Pátria – e na Pátria repousa, porque está em toda parte...[268]

Contudo, é interessante notar que, além do amor *da pátria* por Chopin, há nítido amor *à pátria* por parte do compositor, fruto de um nacionalismo rico e, porque não dizer, *refinado*. O refinamento patriótico dá-se pelas composições polacas escritas ao longo da vida, na mais sublime expressão de afeto – ainda que enérgico e dramático – à pátria, sem que seja um nacionalismo panfletário, ainda que musical.[269]

---

[267] BOURNIQUEL, 1990, p. 15.

[268] NORWID, 1999, p. 59.

[269] Em paralelo, ver: LISZT, 1945, p. 143-144, ao demonstrar que Chopin, muitas vezes, tocava o piano desesperançoso e "morrendo de amor pela pátria, preferindo a morte no exílio."

Definitivamente, não. Em Chopin, o que se encontra é o mais alto grau de nacionalismo refinado, levado a cabo por meio da arte musical de alto nível e pelas intenções que dela o compositor fez extrapolar ao público.

Ademais, o nacionalismo chopiniano vem impregnado à própria personalidade do compositor, para além de a música nacionalista – da qual Chopin foi precursor – ser importante corrente estética da música moderna, como se percebe pela influência exercida em Grieg, Smetana e Mussorgski, além de em várias outras Escolas Nacionais.[270] Sem o nacionalismo de Chopin, vários compositores jamais teriam escrito suas danças nacionais – norueguesas, tchecas, russas, húngaras etc.

Não obstante ter em si 50% de sangue francês, certo é que Chopin amava a Polônia e o espírito de seu povo, a sua cultura e seu folclore. Suas páginas na literatura pianística bem demonstram a corretude da afirmação, pois "[a]s suas fabulosas *polonaises* e adoráveis mazurcas continham sempre o espírito deste povo e a sua eterna saudade da Polônia distante [...]", vibrando em suas músicas "[...] um puro patriotismo, nelas se refletindo as gloriosas páginas da sua história, cheia de heroísmo, lutas e triunfos."[271]

Por ter deixado a Polônia, Chopin não trilhou o caminho de vários de seus compatriotas na luta armada contra os russos, os mesmos que, tempos atrás, tinham como czar Alexandre, para quem Chopin tocou – em 1825 – quando adolescente, dele recebendo, inclusive, um anel de diamantes.[272] Porém, fazendo da Polônia o seu plano de criação ideal, soube absorver o folclore e as danças campestres polonesas como ninguém, para o fim de, anos mais tarde, utilizar todos esses motivos nas suas mais emblemáticas melodias.

Além das *Polonaises* e *Mazurcas*, Chopin também escreveu as hoje pouco executadas 17 *canções polonesas, Op. 74*, para piano e voz, compostas a partir de poemas de Adam Mickiewicz – números 6 e 12 –, Stefan Witwicki – números 1-5, 7, 10, 14 e 15 –, Jozéf Bohdan Zaleski – números 8, 11 e 13 –, Zygmunt Krasiński – número 9 –, Ludwika Osiński – número 16 – e Wincenty Pol – número 17 –, postumamente publicadas – em

---

270 FEISTAUER, 1977, p. 13-14.

271 SCHLESINGER, 1968, p. 33.

272 Cf.: POURTALÈS, 1959, p. 18 (com referência apenas ao anel); BOURNIQUEL, 1990, p. 21 (referindo-se apenas a um diamante) e TEMPERLEY, 1989, p. 24 (afirmando tratar-se de um "anel de diamantes").

1857 – por Julien Fontana.[273] Não obstante alguns considerarem que as *17 canções* sejam "[...] uma compensação muito pequena [...]" aos conselhos de Elsner e aos estímulos de sua irmã Louise para dar mais vida à alma polonesa no exterior,[274] certo é que tais canções, escritas ao longo de sua vida, refletem algo de importante para a afirmação do "espírito polonês" ao redor do mundo, ainda que os efeitos práticos das composições não tenham tido a repercussão esperada.

Concorde-se, porém, com Camille Bourniquel, quando observa que Chopin – não obstante nacionalista – manteve-se sempre distante das ordens militantes, embora profundamente desejoso de servir à causa de seu país e de ajudar seus compatriotas por todos os meios.[275] De fato, quem lê atentamente a correspondência da Chopin, percebe que *há* uma vontade de ajudar os compatriotas e *há* uma inquietação pela "causa polonesa", mas *sem* o engajamento político-partidário que, muitas vezes, se pretende impregnar a Chopin, inclusive no cinema, como, por exemplo, em *A Song to Remember*.[276]

Quando Chopin parte de Varsóvia para desvendar os principais centros culturais da Europa, seus amigos dão-lhe terra polonesa, que ele guarda consigo em memória dos seus. Sua missão passa a ser, então, a de embaixador musical da Polônia por onde estivesse. Sabiam seus amigos, pois, que essa representação guardaria tons de uma quase-diplomacia em futuro não muito distante, e por isso aceitaram a partida da Polônia "para o mundo", não sem muita dor e antecipada sauda-

---

273 Duas outras *Canções* foram publicadas em 1910, perfazendo, assim, um total de *19 Canções*, motivo pelo qual algumas referências (v. listagem das obras de Chopin ao final deste livro) já incluem esse acréscimo.

274 BOURNIQUEL, 1990, p. 24.

275 BOURNIQUEL, 1990, p. 24. Tome-se, como exemplo, o último concerto dado por Chopin (Londes, 1848) em benefício de seus compatriotas (Cf.: COMITÉ EXÉCUTIF, 1949, p. 10). Veja-se, também, a referência feita por Liszt aos serviços "frequentes e consideráveis" despendidos por Chopin aos compatriotas (LISZT, 1945, p. 225).

276 Exibido no Brasil sob o título *À Noite Sonhamos*, estrelado por Cornel Wilde (Chopin) e Merle Oberon (George Sand). Frise-se, por oportuno, que a história apresentada no filme não corresponde completamente à realidade, pois sabe-se que o professor Józef Elsner jamais acompanhou Chopin em sua viagem à Paris (em verdade, Elsner nunca foi à França durante o período em que Chopin lá permaneceu) e que Kalkbrenner não teceu quaisquer das relatadas críticas à obra de Chopin, em especial à *Polonaise "Heroica"*.

de.[277] Basta ler o que Constance Gladkowska escreveu no álbum de Chopin pouco antes de sua partida – ocorrida em 2 de novembro de 1830 – para se ter exata ideia desse sentimento:

> Para coroar tua glória imortal,
> Tu abandonas os amigos e a família bem-amada.
> Os estrangeiros poderão melhor reconhecer teu valor.
> Eles te estimarão. Mas certamente não poderão te amar mais ardentemente do que nós te amamos.[278]

Chopin, efetivamente, sentiu o amor da pátria para com ele e, a partir daí, seu amor à mesma pátria não teve mais teto. Sua missão se fixou em fazer boa música e exaltar o sentimento polonês, como um verdadeiro patriota. Tal missão, para falar como Hugo Schlesinger, de fato "[...] era maior de que a missão de um soldado nas trincheiras [...]."[279] Por isso o distanciamento de Chopin das atividades político-partidárias em seu país, não obstante sobre os problemas políticos da Polônia fosse sempre expectador a distância. O que lhe importava, com singularidade, era poder expressar por meio da música a *alma polonesa* e toda a sua exuberância, traduzida em várias *Polonaises* e *Mazurcas*.

Gostariam, ademais, seus compatriotas, que Chopin fosse o criador da ópera polonesa. Elsner e Witwcki incentivaram-no fortemente nesse sentido, não obstante Chopin mostrar resistência à ideia desde sempre. Na já citada correspondência de 6 de julho de 1831, que Etienne Witwcki enviou de Varsóvia a Chopin, em Viena, lê-se:

> Deveis ser absolutamente o criador da ópera polonesa; eu estou profundamente convencido disso e, como compositor nacional polonês, deveis abrir para vosso talento uma via extremamente rica que vos dará um renome pouco comum. Contanto que tenha sempre em vista a nacionalidade, a nacionalidade e, ainda uma vez, a nacionalidade, a palavra pode parecer um pouco sem senso para os comuns, mas não para um talento como o vosso. Existe uma melodia natal como há um clima natal. As montanhas, as florestas, as águas e os prados têm a sua voz natal interior, algo de que cada

---

[277] Antes desse período, Chopin havia saído do país apenas uma vez, com destino a Viena, Praga e Dresden. Em Viena, ficou durante quase todo o mês de agosto de 1829; em Praga e Dresden, permanece por apenas alguns dias no final do agosto do mesmo ano. Em correspondência de 26 de agosto de 1829, Chopin escreve (de Dresden) à sua família em Varsóvia: "Em Viena, há uma semana atrás, eu não sabia que viria a Dresden. Visitamos Praga num relâmpago, mas não sem proveito." Cf.: SYDOW, 2007, p. 83.

[278] Escrito datado de 25 de outubro de 1830. Cf.: SYDOW, 2007, p. 129.

[279] SCHLESINGER, 1968, p. 37.

alma não abre mão. Eu estou persuadido que a ópera eslava, nas mãos de um verdadeiro talento, de um compositor cheio de sentimentos e de ideias, brilhará um dia no mundo musical como um novo sol; talvez eleve-se até mesmo acima de todas as outras, e tendo tanta melodia como a ópera italiana terá ainda mais sentimento e incomparavelmente mais pensamento. Cada vez que sonho com isso, caro Senhor Frédéric, embalo-me na doce esperança de que vós sereis o primeiro que saberá beber nos vastos tesouros da melodia eslava; se não seguirdes este caminho, ireis renunciar voluntariamente aos mais belos lauréis. Deixais a imitação para os outros; que os medíocres ocupem-se disso. Vós, sejais original, nacional; talvez, no começo, não sereis compreendido por todos, mas a perseverança e a cultura, num campo eleito por vós, assegurarão um nome na posteridade. Aquele que quer se elevar numa arte e se tornar um verdadeiro mestre, tem que perseguir um grande alvo. Perdoe-me por ter escrito tudo isso, mas crede que estes conselhos e estes votos são ditados por uma sincera amizade e pela estima que me inspira vosso talento.[280]

A correspondência, denota-se, é repleta de sentimento nacionalista, por ter pretendido repercutir positivamente no espírito de Chopin. Contudo, Chopin exaltou o sentimento nacional quase que única e exclusivamente pelo piano, rechaçando qualquer ideia que lhe fosse contrária. Também aos apelos de Elsner não deu resposta. O mínimo que fez, no sentido das exigências, foi compor as pouco executadas *17 canções polonesas, Op. 74*, para piano e voz, mesmo assim com certa resistência.

De fato, não seriam óperas ou grandes orquestrações sobre temas poloneses que levariam a alma polonesa para além-fronteiras, senão algo em tudo sublime e musicalmente mais singular, tais os temas do folclore e campesinos exaltados nas diversas *Mazurcas*. Fiquemos, a propósito, com a última composição de Chopin, a *Mazurca Op. post. 68, nº 4*, em fá menor, de 1849, que expressa a despedida do artista e, consequentemente, a lembrança de seus primeiros anos na terra natal, a Polônia de outrora, vinda subitamente em seu pensamento já na preparação para o derradeiro adeus.

---

[280] SYDOW, 2007, p. 159-160.

O tema é de tristeza e reflexão profundas, por isso composto em tom menor e mantido *sotto voce* desde o início. Mesmo o *animato* iniciado no décimo quinto compasso não representa mais que o ânimo passageiro, fugaz, que acaba por dobrar-se à melancolia que se aproxima e toma conta da *Mazurca* até o seu final.

Encontrada entre os originais de Chopin, essa *Mazurca em fá menor* conta com apenas uma página manuscrita e está repleta de anotações e rabiscos de difícil compreensão, para o que foi necessário um esforço decriptográfico sobre-humano por parte de Auguste Franchomme e Julien Fontana, sem o qual o sentimento final do compositor – para com a sua pátria e a sua vida – jamais seria mundialmente conhecido.

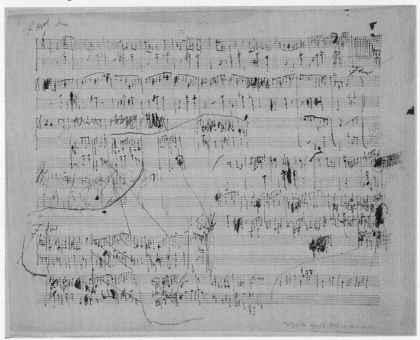

Sorte a nossa que a decriptografia da composição foi realizada por quem conhecia a fundo as composições de Chopin e estava acostumado a transcrevê-las e recopiá-las. Não fosse assim, não se teria qualquer segurança de que esse momento musical fosse, efetivamente, assim compreendido. Concorde-se, porém, que tal página musical é deprimente em vários aspectos, sobretudo por deixar transparecer a tentativa frustrada do seu autor de findar com inspiração desejável mais uma obra perfeita, sem conseguir, no entanto, fazê-lo, dada a escassa força física e a doença que já o matava.[281] Seja como for, essa é a "página da despedida" do mestre, aquela que arremata a existência de Chopin no mundo e que traduz o que, por derradeiro, estava a sentir ao deixar o mundo para ingressar na eternidade.

Essa sua despedida derradeira, muito rica em sentimentos e, sobretudo, em *Zal*, reflete a tristeza de alguém que sente não mais viver para honrar a pátria que o ama e sempre o admirou. Poucas forças sobraram, mas foram suficientes para, nessa página de sublime e profundo sentimento, agradecer à Polônia e ao seu povo pela deferência em reconhecê-lo como o maior representante da alma polonesa de todos os tempos.

Não obstante ter residido na França por toda a vida adulta, certo é que Chopin nunca sentiu verdadeiro amor por ela, pois voltado sempre estava o seu pensamento e o seu coração à Polônia distante. Chopin nutria, pode-se dizer, respeito pela França e pelos franceses, mas não amor verdadeiro, que só emergia pela sua terra natal deixada desde muito cedo. Todo esse amor e sentimentalismo Chopin logrou transferir para a partitura, deixando ao mundo este mais belo legado de alma e sentimento.

---

[281] Cf.: CUNHA, 1947, p. 79.

ALBERT GRZYMALA E JULIEN FONTANA

Albert Grzymala e Julien Ignace Fontana são dois personagens que estiveram presentes quase que diuturnamente na vida adulta de Chopin, sobretudo nos anos vividos na França. O primeiro era um soldado polonês que, depois, tornou-se político e banqueiro em Paris; o segundo, também polonês, foi pianista, compositor, jornalista e homem de negócios radicado também na capital francesa.

A proximidade de Chopin com Grzymala era como a de verdadeiros amigos-confidentes, daqueles que apenas um em toda a vida se pode ter. Suas correspondências eram trocadas quase que semanalmente, e em todas havia confidências de Chopin a Grzymala, as quais o nosso compositor nunca imaginou seguirem à posteridade. Nelas se percebe um Chopin preocupado com a família em Varsóvia, com o que ocorria politicamente na Polônia, bem assim com sua relação com George Sand, com os demais artistas da época e ainda com os seus editores.

Não se tem notícia da totalidade das respostas de Grzymala a Chopin, mas é perfeitamente possível colher nas respostas de Chopin a tônica dos conselhos de Grzymala, que se portava como um grande pai e protetor de Chopin na França, inclusive em termos financeiros. Em muitos diálogos se percebe um agradecimento filial de Chopin aos conselhos e orientações de Grzymala, os quais, ao longo do tempo, foram moldando a personalidade de Chopin e seus caminhos, sobretudo em Paris. Também no que tange à doença que o vitimou – que segundo alguns tratou-se de uma pericardite provocada por tuberculose –, lê-se em várias correspondências um angustiante desabafo de sofrimento intenso, especialmente quando Chopin escarrava sangue e não conseguia praticamente se movimentar.

Sem Grzymala por perto, certo é que Chopin estaria "abandonado" na capital francesa, não tendo praticamente um confidente com quem pudesse contar, sobretudo em matéria de aconselhamento pessoal.

Por sua vez, as relações de Chopin com Julien Fontana afetavam mais a seara musical do que propriamente à vida pessoal, não obstante ter Fontana auxiliado Chopin com vários encargos quando o compositor estava em Nohant. Um desses encargos foi encontrar para Chopin um apartamento em Paris com três quartos de dormir, sendo dois, um ao lado do outro, para além de um gabinete de trabalho muito claro ao lado do terceiro quarto para George Sand, um salão apropriado, uma sala de refeições, uma cozinha grande, dois quartos para empregados e, ainda, uma adega. Chopin também não queria odores, que fosse alto, sem fumantes próximos e com claridade e uma bela vista, se possível sobre os jardins. Essas foram as exigências de Chopin em carta enviada a Fontana, em outubro de 1839! Poucos dias depois, em outra correspondência, Chopin solicita a Fontana que encomende um chapéu novo junto ao Dupont na sua rua, pedindo "[q]ue coloque – sem exageros – a forma na moda deste ano [...]", e ainda que fosse ao seu alfaiate para encomendar uma pantalona cinza "[...] que seja sem listas (sic) e caia bem."[282]

Fontana, no papel de um quase corretor de imóveis e de um faz-tudo, cumpriu com brio todas as encomendas, demonstrando imensa amizade – e paciência – para com Chopin. Talvez Fontana tenha sido o seu único amigo a desvencilhar-se de todos esses encargos, que, como se nota, não eram de todo fáceis, especialmente se se leva em conta as dificuldades logísticas da Paris da época. Poucos são, efetivamente, os amigos próximos que se incumbem de tarefas como tais e a cumprem sem qualquer titubeio.

A relação de Chopin com Fontana, era, como se nota pelas correspondências, de total intimidade, mas, diferentemente da sua relação com Grzymala, pautava-se também em intercâmbio artístico-musical. Há vários diálogos com Fontana sobre as peças produzidas, sobre as novas composições que pretendia terminar, rogando-lhe vários conselhos.

Por essa amizade de vários anos, Fontana foi escolhido pela família de Chopin, após a sua morte, para organizar a publicação póstuma dos originais que o pianista não chegou a publicar em vida. Durante dez anos Fontana trabalhou nesse projeto, que, para ele, foi sobretudo "[...] um trabalho de amor."[283]

Fontana se suicidou em Paris em 23 de dezembro de 1869, já doente e surdo. Não está correta, portanto, a informação contida no livro de Betina Eisler de que Fontana se suicidara em 1852, três anos depois da morte de Chopin.[284]

---

[282] SYDOW, 2007, p. 370-371.

[283] FONTANA, 1855.

[284] *Verbis*: "Ao voltar de Nova York, em 1852, Julian (sic) Fontana se suicidou em Paris, três anos depois da morte de Chopin." EISLER, 2005, p. 139.

RELAÇÕES COM OS EDITORES

Poderiam surpreender os que militam fora do universo editorial as dificuldades de publicação e, também, de remuneração que teve Chopin no percurso de sua carreira artística, notadamente nos anos iniciais em Paris. Editores como Pleyel e Schlesinger não lhe davam, de início, aparente valor, deixando entrever que suas composições, como as de outros compositores da época, nada de extraordinário comportavam. Tudo, evidentemente, com o intuito de lucro, pois era conveniente publicar obras de significativo valor sem remunerar a contento o compositor.

De fato, não há outra interpretação possível para o que se passou com Chopin no ambiente editorial, dado não ser crível que os grandes editores daquele tempo desconhecessem a verdadeira alma da música de Chopin e entendessem tratar-se de algo comum ou ordinário em termos musicais. Para nós, não há dúvidas de que tanto o editor francês como, depois, o editor alemão e o inglês tinham a perfeita noção do que estavam a publicar, talvez, é certo, não como hoje se tem, à luz da falta de paradigmas minimamente igualáveis à obra de Chopin, mas com a certeza de se tratar de verdadeira ciência pianística, inigualável à de outros compositores tanto pelos temas quanto pela forma.

Apenas para dar de exemplo, os *Estudos* de Chopin são obras científicas que levaram muitos anos para serem completamente decifrados, notadamente por se tratar de verdadeiras obras de arte em forma de "estudos", completamente distintas dos estudos correntes – frios, sem alma e apenas técnicos – existentes na literatura pianística de então. Porém, não se pode dizer que, mesmo quando lançados ao grande público, os *Estudos* de Chopin não causaram grande impacto e que os pianistas e musicólogos mais importantes desconheciam do que se tratava. Certo, repita-se, que demora anos para se ter a exata noção da obra de um gênio, mas seguramente era possível saber que pérolas, ali, se faziam presentes.

Mesmo sabendo os editores das preciosidades que se lhes apresentavam, certo é que havia um "mercado editorial" a ser sustentado pelas casas publicadoras, tão concorrente como qualquer outro e capaz de moldar vários artistas à produção de um tipo direcionado de peça musical, naquele momento pretendendo agradar à nobreza europeia com mais vigor. Chopin conhecia essa regra como ninguém e procurava antenar-se com tudo o que era de mais atual, além de "necessário". Exemplo disso foi a conclusão da *Tarantella*, que estava no auge da moda naquele tempo, por ser rápida e dinâmica, e também porque – Chopin bem observou – Rossini havia lançado o estilo em sua obra de inspiração napolitana.[285]

Chopin, assim, não deixava de estar antenado ao tempo presente e à necessidade de evoluir naquela arte na qual era, seguramente, gênio. Sua relação com os editores poderia não ser das melhores em termos de recebimento de direitos autorais, pagos apenas uma vez pela cessão dos originais. De fato, Chopin se irritava, por exemplo, com Schlesinger quando não recebia o que gostaria de ganhar pela edição das obras, chamando-o, à vista dos íntimos, de "cão judeu".[286] Não obstante, Chopin sabia que necessitava de Schlesinger para a divulgação de suas obras, pois o editor francês também era proprietário da *Gazette Musicale*, e isso explica por que as obras de Chopin eram sempre exaltadas nesse periódico. Isso explica, também, porque o *La France Musicale* – de propriedade do editor Herz, rival de Schlesinger – nada publicou sobre Chopin até 1838, quando finalmente rompe o silêncio e escreve (com más intenções) sobre o *Impromptu* em lá bemol maior.[287]

Ademais, diferentemente de outros artistas, que agiam representados por um *merchant*, vê-se que Chopin atuava sozinho em todas as negociações editoriais, se autorepresentando perante os editores estrangeiros, tanto no que diz respeito à produção – e publicação – das obras quanto no que tange à própria questão financeira. No entanto, a relação editorial havida era próspera em termos de sintonia e de *marketing*, especialmente porque Chopin sabia o que produzia e tinha a exata noção de que se tratava de música feita por gênio, capaz de ser tecnicamente impecável, exuberantemente linda e editorialmente viável.

---

285 EISLER, 2005, p. 112.

286 A propósito, para um estudo das relações de Chopin com os judeus, Cf.: KALLBERG, 2017, p. 123-144.

287 BAL Y GAY, 1959, p. 79.

Nessas relações com os seus editores se percebe um Chopin mais austero e menos angelical, como a maioria de seus biógrafos deixa entrever. Aqui se percebe que Chopin defendia bem o seu ganha-pão e não se deixava levar por algumas sugestões editoriais, capazes de comprometer tanto a sua obra como o seu sustento. Essa é uma característica importante da personalidade do compositor, que vem ao encontro do labor que teve para com a sua produção musical. Se é certo que a sua genialidade produzia maravilhas para a literatura pianística, não é menos verdade que o produto da sua intelectualidade deveria ser defendido a unhas e dentes pelo seu criador.

Como se nota, Chopin foi também um mestre nas relações com os editores, pois sabia como lidar com eles diariamente e como divulgar as suas peças para que fossem cada vez mais adquiridas e ventiladas pelo mercado musical da época. Tal o transformou, também, em um negociador exemplar, para além de defensor ferrenho de sua obra e de seu labor intelectual, sem o auxílio de terceiros e tratando diretamente de seus assuntos financeiros (direitos autorais) com os grandes editores musicais da Europa.

Por outro lado, sabe-se que Chopin, de início, resistiu à música de salão, mas que, depois, dela se tornou um grande mestre, deixando de lado o virtuosismo superficial para enobrecer o salão com um preenchimento acústico de harmonias novas e brilhantes; para submetê-lo a uma complexidade jamais vista à época, mesmo com todas as limitações que os salões impõem.[288] Para tanto, Chopin se isolou do grande público e por ele não fez qualquer concessão, razão pela qual deu pouquíssimos concertos públicos no decorrer da vida. O que fez Chopin foi, em suma, fornecer música "[...] para o exclusivo *milieu* do *salon* parisiense."[289] Essa música poderia, assim, ser sentida em todos os seus efeitos e nuances, com proximidade muito maior do expectador que em ambiente espacialmente maior. O resultado: um sucesso editorial estrondoso com as publicações das peças executadas nos salões, a que todos pretendiam ter acesso.

Chopin teve a exata convicção de estar no caminho certo quando o seu antigo professor, Józef Elsner, então reitor do Conservatório de Varsóvia, lhe enviou os originais de um *Oratório* – tratava-se do *Passio D. N. Jesu Christi seu Triumphus Evangelii* – para que remetesse ao edi-

---

288 Cf.: WISNIK, 2013, p. 20.
289 TEMPERLEY, 1989, p. 81.

tor parisiense de Chopin, rogando-lhe publicação. "É, sem dúvida, uma obra-prima [...]", disse o editor Maurice Schlesinger na carta-resposta em que recusava a publicação da obra. Schlesinger entendia ser, de fato, uma obra de excelência, composta por músico experiente e reconhecido na Polônia, mas que continuava a ser um *Oratório*, é dizer, peça longa e que somente se pode executar em ocasiões muito próprias – e enfadonhas. Dizia Schlesinger a Chopin: "Mas vós conheceis os franceses e sabeis que eles não apreciam esse gênero de música. [...] Por favor, apresente meus agradecimentos ao Sr. Elsner e diga-lhe que lamento não poder aceitar seu amável oferecimento."[290] Não era, efetivamente, o gênero preferido para se ouvir nos salões e nas *soriées* parisienses, senão apenas num ambiente sacro. E tal ambiente, diga-se verdadeiramente, nunca foi o preferido do grande público.

Outro acerto de Chopin, relativamente ao relacionamento editorial, foi não ter se prendido a um só editor, especialmente a Pleyel, em Paris. De fato, várias obras – entre *Mazurcas*, *Valsas*, *Scherzi*, *Polonaises*, *Impromptus*, *Noturnos* e *Baladas* – tiveram sua propriedade vendida por Chopin aos editores Breitkopf & Häertel, em Leipzig, "[...] sem nenhuma reserva ou limite, para todos os países, excetuando a França e a Inglaterra [...]", como declarou o próprio Chopin em carta enviada aos editores alemães em 16 de dezembro de 1843.[291]

Para se ter ideia do que Chopin pedia pelas obras a título de direitos autorais, a correspondência enviada a Häertel – da Casa Breitkopf & Häertel, em Leipzig – releva que por 2 *Noturnos* e 3 *Mazurcas* o compositor desejava a soma de 600 francos.[292] Mesmo para a época, não era tão alto o valor, e o que Chopin recebia dava, no limite, para saldar o aluguel da casa, comprar roupas e se alimentar. Em vários momentos de sua vida queixava-se de estar sendo passado para trás pelos editores, sobretudo por Pleyel, que lhe pagava pouco pela publicação das obras, mas que de sua vendagem auferia bom dinheiro.

Para lucrar mais com as composições, Chopin se via obrigado a enviar os manuscritos, simultaneamente, aos editores em Paris, Londres e Liepzig. Na Inglaterra e na Alemanha os editores eram fixos, não obstante os que lhe causassem os maiores transtornos, como, por

---

[290] SYDOW, 2007, p. 388.
[291] SYDOW, 2007, p. 477.
[292] SYDOW, 2007, p. 477-478.

exemplo, a conhecida atitude de Wessel – editor londrino – de atribuir às suas composições títulos alegóricos – e tolos.[293]

Seja como for, certo é que Chopin sabia que necessitava dos editores – mesmo não ganhando o que pretendia – e que sem eles suas obras não teriam a circulação necessária, única maneira capaz de torná-lo célebre em todo o mundo. Como nos dias atuais, também os gênios do passado necessitavam de certo *marketing* para sobreviver, especialmente se a arte que deles provinha era uma arte complexa, como é a arte do piano, no caso de Chopin. Assim, um editor de excelência e um trabalho profissional de divulgação eram – como ainda são – elementos absolutamente necessários ao sucesso da empreitada, e isso, como referido, Chopin sabia bem. Quando certo editor, sem o seu consentimento, reuniu suas valsas num *Álbum*, Chopin intimamente não gostou, e se sentiu até mesmo desrespeitado, mas silenciou o fato externamente, pois tinha a noção de que o *Álbum* facilitava ao grande público ter em mãos suas valsas para eventual pronta execução.

---

[293] TEMPERLEY, 1989, p. 44.

EM LONDRES, O GRANDE EQUÍVOCO

Não teria sido difícil a qualquer compositor, sobretudo a Chopin, ensaiar publicamente um de seus concertos com orquestra experiente como a britânica Sociedade Filarmônica Real, não fosse o fato de o ensaio ser público – e único – e a apresentação, gratuita. Estando, porém, em Londres e não tendo aceitado o convite para tocar com a Sociedade Filarmônica, ainda que o ensaio fosse único e público, e mesmo sem remuneração, foi um equívoco grave na carreira de Chopin, que lhe trouxe dissabores de magnitude, como o de não mais ter sido convidado – como era de se esperar – para tocar em *soirée* exclusiva para a família real, como desejava desde a sua chegada em Londres.[294]

Em carta a Grzymala enviada em 13 de maio de 1848, Chopin já demonstra o equívoco de sua atitude futura em querer ser conhecido da Rainha, mas se negando a tocar com a Filarmônica, ainda que as razões para tanto não sejam de todo claras. Na correspondência, Chopin se mostra feliz com a temporada de seis meses na Inglaterra, em que "[...] poderia ganhar um bom dinheiro [...]",[295] especialmente porque, dias depois, seria apresentado à Rainha e ao príncipe Albert pela duquesa de Sutherland. Chopin relata que a Filarmônica perguntou se daria um concerto, mas disse não estar interessado, e seu argumento foi: "[...] porque será com orquestra [...]".[296] A referência ao fiasco que Prudent fez com a apresentação com a Filarmônica certamente o deixou preocupado, mas tal não poderia tê-lo demovido da ideia, tratando-se de quem era. Diz Chopin a Albert Grzymala:

---

[294] Chopin desembarcou em Londres em 20 de abril de 1848.
[295] SYDOW, 2007, p. 623.
[296] SYDOW, 2007, p. 623-624.

Vou até lá [à Filarmônica] e estudarei a questão. Prudent deu o seu concerto com a Filarmônica e fez fiasco. Lá é preciso tocar Mozart, Beethoven ou Mendelssohn. Entretanto, os diretores e alguns outros me disseram que meus concertos têm sido executados. Eu prefiro me abster, já que não espero nenhum resultado favorável. A orquestra deles se parece com seu rosbife e sua sopa de tartaruga: é forte, famosa... mas nada de mais. Tudo o que acabo de enumerar não seria suficiente para impedir a realização do projeto, se não entrasse uma circunstância impossível de aceitar: o tempo tem tal valor para os ingleses que sua orquestra não ensaia senão uma vez, e este ensaio é público.[297]

Ainda que aparentemente justificável, dada a meticulosidade com que Chopin estudava e que gostaria que fossem os seus concertos executados, a negativa não foi politicamente correta e lhe custou, como dito, grandes dissabores. Nada de extraordinário haveria num ensaio único e público de orquestra experiente, que teria como solista o próprio compositor da peça a ser executada. Mesmo que, é certo, pudesse haver qualquer mínimo desarranjo temporal ou de tônica por parte da orquestra, não se justificava, àquela altura em que pretendia embrenhar-se a fundo na sociedade londrina, uma tal negativa.

Como bem observou Benita Eisler, não obstante Chopin ter antenas sociais sensíveis e estar atento aos "milhares de regras" que governavam as relações entre as classes altas britânicas, demonstrou-se inocente em relação aos estratagemas mais básicos dos profissionais, não se dando conta das regras que governavam o pequeno mundo da música inglesa.[298] Ademais, "[...] não sabia que os músicos visitantes deveriam visitar o diretor da sociedade (o que, no caso de Chopin, seria mais importante ainda para abrandar o insulto da rejeição) e nem que esse senhor era também o diretor musical da rainha [...]", razão pela qual "[...] [e]le nunca recebeu convite para tocar para Sua Alteza Real."[299]

À evidência que o gesto de Chopin soou como soberba ao público londrino, até mesmo como desconfiança de execução a contento do seu concerto. Daí a consequência: não houve mais qualquer convite para tocar, com exclusividade, para a família real, como era de se esperar, notadamente na ambiência britânica de então. Ainda que Chopin tenha tocado na casa da Duquesa de Sutherland diante da Rainha, do príncipe Albert, do príncipe da Prússia, Wellington e de tudo o que ha-

---

[297] SYDOW, 2007, p. 624.
[298] EISLER, 2005, p. 215.
[299] EISLER, 2005, p. 215.

via de mais fino por ocasião de um batizado – em *petit comité* de umas 80 pessoas –, e que a Rainha tenha lhe dirigido algumas palavras bem graciosas, como relata Chopin em carta enviada à Srta. de Rozières, datada de 1º de junho de 1848,[300] certo é que a recusa em tocar com a Filarmônica lhe fechou as portas que começavam naquele momento a se abrir. Para Chopin, tocar com "um único ensaio público" era complicadíssimo, tendo em vista o seu perfeccionismo, o que, segundo ele, levava tudo "[...] por consequência [a] um mau conjunto."[301]

Em outra correspondência, novamente enviada a Grzymala, em 2 de julho de 1848, Chopin demonstra estar decidido a não se apresentar com a Filarmônica, dada a sua incompreensão pelo fato de ser *público* e *único* o ensaio e por ser *gratuita* a apresentação – isto é, não receberia remuneração. Chopin assim confessa a Grzymala:

> Não desejo tocar com a Filarmônica, pois isso representará uma imensa fadiga e não me trará um tostão. Essa sociedade não faz senão um ensaio, e é público; além disso, deve-se tocar Mendelssohn para conseguir um verdadeiro sucesso.[302]

Não obstante os inúmeros convites para *soirées* em residências de condes e duques, nada se comparava, à evidência, como tocar para a Rainha da Inglaterra em concerto para essa finalidade organizado. Chopin sabia que o seu erro lhe fechara portas, e chega a confessar, *en passant*, em carta dirigida à Grzymala, escrita em 15 de julho de 1848, que não deu "[...] concerto junto a Rainha, embora tivesse tocado perante ela na residência da duquesa de Sutherland [...]", e admite que talvez "[...] tenha sido descartado por algum diretor real por ter negligenciado em lhe fazer uma visita, ou então por ter recusado tocar com a Sociedade Filarmônica."[303]

Conhecendo, porém, o Chopin de Paris, já era de se esperar uma tal atitude, pois na França a negativa para os concertos era constante e, quanto mais tal ocorria, mais ainda Chopin crescia em respeito e admiração por parte da sociedade. Fato é que, no entanto, o público londrino não o conhecia, e a atitude negativa de Chopin soou como soberba e, até mesmo, como descaso para com a Sociedade Filarmônica Real. Por isso mesmo é que, após a recusa em tocar com a Filarmônica, ne-

---

300 SYDOW, 2007, p. 626.

301 SYDOW, 2007, p. 626.

302 SYDOW, 2007, p. 627.

303 SYDOW, 2007, p. 633.

nhuma outra sociedade musical britânica convidou Chopin para com ela se apresentar.

    Estava ali, naquele fato, a verdadeira e efetiva realidade, pois as portas se fecham quando – mesmo com a estatura de um Frédéric Chopin – se nega em atender tão prestigioso convite, que mais eleva o artista que propriamente prestigia o anfitrião. Aquela, de fato, foi uma lição que seguramente Chopin aprendeu fora da teoria. Lamentavelmente, não houve tempo em sua breve vida para repetir a experiência e, dessa vez, aceitar outro grande convite para que pudesse brilhar ainda mais fora do círculo parisiense. Às vezes, devem os artistas abrir mão de suas convicções pessoais para atender a interesses de um seleto público ou grupo, pois as sabidas dificuldades de viver da arte em todo o mundo sempre foram empecilhos às projeções mais grandiosas de vários personagens ilustres da história.

INDIFERENÇA AO MUNDO

Chopin era absolutamente indiferente ao mundo, pois essa é a razão de viver dos gênios mais destacados, que menos se preocupam com o seu redor que com os propósitos para os quais vieram à luz. Suas preocupações voltavam-se única e exclusivamente à música, e nada mais que fosse alheio a tais expectativas podia ter relevância no universo que Chopin projetou para si.

O seu desejo era o de ser musicalmente grande, e assim foi. Todo o resto e os problemas do mundo lhe eram, por isso, secundários e desinteressantes. Certo é que pensava e, efetivamente, ajudava os seus compatriotas, até mesmo com concertos gratuitos – mesmo quase sem forças, a exemplo de seu último concerto. Contudo, as problemáticas que advinham dos fatos da vida eram completamente passáveis, dispensáveis por assim dizer. Como corretamente observou Mário de Andrade, a Chopin "[n]ão lhe cabe, enquanto artista, ser político, distribuir bênçãos, perdões e consolos, nem organizar ou dirigir fábricas, nem matar nas guerras e revoluções [...]", pois "[...] ele não vive de sua própria vida, mas da vida da obra de arte."[304] Por isso, Chopin manteve contato com poucos poloneses em Paris, e os compatriotas que lhe eram próximos guardavam sempre o seu nível moral e intelectual; os demais, ainda que pudessem ter alguma deferência do artista, não alcançavam jamais a sua torre de marfim, por mais poloneses que fossem.[305]

Esse alheamento de Chopin para com o mundo foi a razão de ser de sua existência e da grandeza de suas obras de maturidade. Quanto mais distante de tudo e de todos estava, mas produzia intelectualmente num mergulho profundíssimo no universo

---

[304] ANDRADE, 2006, p. 85.
[305] BAL Y GAY, 1959, p. 162.

de si mesmo. O mergulhar no seu *eu* profundo lhe permitia, depois, emergir para o mundo dos outros, que é este nosso mundo, para que nele – neste – apresentasse a sua criação antes de novo mergulho ainda mais denso e profundo; lhe assegurava, em sua volta ao universo dos normais, que nada superior à sua música havia na face da Terra, não obstante pretendesse sempre retornar ao *eu* profundo para superar a si mesmo.

As pessoas que lhe cercavam, em proximidade, conseguiam perceber com clareza que o espírito de Chopin "voava" para fora do planeta, e vários relatos nesse sentido foram documentados. George Sand, em carta enviada à Condessa Marliani, disse que Chopin "[...] não sabe em que planeta existe; não se dá conta da vida como nós a concebemos e a sentimos."[306] A seu turno, foi o que constatou o Abade Alexandre Jeliwicki em correspondência enviada de Paris à Sra. Xavier Grocholska, em Varsóvia, na qual noticiava com tristeza a morte de Chopin e observava que "[s]empre doce e amável, faiscante de espírito e afetuoso ao extremo, ele parecia muito pouco pertencer a esta terra."[307]

Relatos como estes, de quem conheceu de perto o artista e participou de suas inquietudes, demonstram com nitidez um detalhe importante da vida de Chopin, que é exatamente o seu distanciamento de tudo quanto não dizia respeito à sua arte. Tal é compreensível especialmente quando se leva em conta que muitas das relações entre pessoas podem influenciar negativamente na qualidade da obra que se está a produzir.

Por isso, Chopin era alheio às pessoas e indiferente a elas quando se tratava de gente sem qualquer ligação com a sua produção intelectual. Fosse diferente, seguramente não teria ele a paz necessária – já em meio à atribulação de sua vida pessoal e à enfermidade que só crescia – para produzir música para a eternidade, como produziu.

Destaque-se, porém, que sua indiferença às pessoas não era consectária de qualquer prepotência, senão de absoluta concentração no trabalho diário e à necessidade de alhear-se de tudo quanto o distraísse de seus afazeres. Tal assim ocorre com a maioria dos gênios, que de tão concentrados em suas obras não conseguem socializar como as outras pessoas, tampouco tendo paciência para, em vários momentos do dia, dispender atenção a alguém que lhe roube ainda que um minuto de trabalho. Chopin, sabe-se, era extremamente educado e cordial com as

---

[306] SYDOW, 2007, p. 353.
[307] SYDOW, 2007, p. 696.

pessoas, repugnando todo tipo de desordem e de confusão, além do que sabia desvencilhar-se dos inoportunos com polidez e rara diplomacia.[308]

Bal y Gay, nesse sentido, narra que mesmo na época de seu grande amor por George Sand, e não obstante toda a sua debilidade física, Chopin não tolerava os vários tipos disparatados, tumultuosos e grosseiros que constantemente circundavam a escritora, sabendo, com maestria, manter a necessária distância de todos os que com seu porte e maneira de pensar demonstravam um espírito nada ou pouco afim com o seu, diferentemente do que ocorria, por exemplo, com as figuras de Heine ou Delacroix, por quem Chopin nutria uma autêntica amizade.[309] Chopin era, assim, não de poucos, mas de *pouquíssimos* amigos.

De fato, só os grandes e elevados espíritos percebem que a vida é curta e a tarefa a cumprir é vasta, como se lê em *Ética dos pais*.[310] Somente gênios como Chopin são capazes de saber que não é qualquer relação homem-homem que transforma alguém em ícone de determinado ramo do conhecimento, senão apenas a relação homem-Deus. Esse *Deus* é aquele verdadeiro, criador de todas as coisas, único a quem se deve dar satisfação, e não a qualquer bem-sucedido da face da terra, cuja atenção dispensada pelos normais conota mais idolatria que verdadeira admiração.

A indiferença de Chopin ao mundo foi a base que permitiu o seu direcionamento ao trabalho e à produção intelectual no universo pianístico, sem a qual não se tornaria conhecido em todo o planeta e admirado por gerações e gerações até os dias de hoje.

Por isso, os gênios precisam ser compreendidos e estar cercados de pessoas que tenham a exata noção de que qualquer alheamento ao mundo decorre diretamente do afloramento das ideias e da genialidade.

---

308 BAL Y GAY, 1959, p. 162.
309 BAL Y GAY, 1959, p. 163.
310 Cap. 2, Mishná 20.

IMAGENS (FOTOGRAFIA E DAGUERREÓTIPO) DE CHOPIN

A maioria das informações sobre Chopin exaradas por seus estudiosos dá notícia de que existe apenas *uma* fotografia conhecida do compositor: aquela tirada em Paris, no estúdio de Louis-Auguste Bisson, em 1849.[311] Além desse registro único, não haveria qualquer outro a revelar ao mundo a verdadeira imagem de Frédéric Chopin.

Curiosamente, com a fotografia recém inventada, a maioria dos artistas e personalidades da época ainda não havia compreendido a importância que as imagens fotográficas poderiam ter para o registro de várias de suas realizações. Com Chopin parece não ter sido diferente, pois não se encontram relatos, em sua correspondência, desse importante momento fotográfico. Não lhe ocorreu, assim, de se fazer fotografar junto aos seus mais próximos ou, por exemplo, tocando propriamente o piano, para o fim de demonstrar a posição das mãos na execução etc. Tal daria aos musicólogos e biógrafos ricos elementos de interpretação de sua vida e obra.

A fotografia que segue revela um Chopin debilitado e, porque não dizer, triste, de olhar distante e reflexivo, não obstante de postura altiva. Revela, ademais, o seu rosto já inchado pelo edema advindo do estágio avançado da tuberculose, fazendo desaparecer "[...] o silfo frágil ou o artista ardoroso e romântico do retrato de Delacroix."[312] Também pela posição da foto é possível dimensionar o tamanho das mãos que brindaram os mais nobres salões europeus com sua virtuose,[313] não obstante, repita-se, ser tristonho o conjunto da cena, em especial o olhar fixo – em tudo reflexivo – e transmissor de patente angústia.

Em suma, a imagem conhecida de Chopin retrata uma figura dolorida, introspectiva e exausta na luta contra a incurável doença que

---

[311] Há quem diga que a fotografia fora sacana na residência de um dos editores franceses de Chopin, em Paris.

[312] EISLER, 2005, p. 225.

[313] A propósito das mãos de Chopin, ver: CORTOT, 2013, p. 21-23.

o consumia dia a dia. No entanto, diferentemente de outras pinturas ou retratos conhecidos do compositor, a fotografia mostra um Chopin mais viril – ainda que inchado e nitidamente adoentado – do que normalmente se podia imaginar, com um ar aristocrático – seus biógrafos são unânimes quanto a esse quesito – que o equipara ao dos príncipes. Seja como for, certo é que o mistério da imagem tem fascinado milhares de seus admiradores ao redor do mundo, especialmente pela atmosfera claramente intrigante e, sobretudo, misteriosa.

A fotografia foi produzida – entende-se – por uma técnica inglesa mais avançada que o daguerreótipo.[314] Alguns autores, porém, como Benita Eisler, entendem que nem o tamanho, nem o formato da imagem, nem qualquer outra prova conclusiva justifica a atribuição da fotografia, há muito sustentada, a Louis-Auguste Bisson, sendo significativo – diz ela – "[…] que o retrato de Chopin não estivesse incluído na exposição de 1999, *Les Bissons Photographes*, na Bibliothèque Nationale." E conclui:

> Na realidade, com exceção de uma indiscriminada encomenda de burocratas governamentais, havia poucos retratos na exposição Bisson. Os que constam do catálogo são ou pequenas *cartes-de-visite* ou daguerreótipos. Apenas um destes, chamado *Regrado de rapaz, c. 1845*, que mostra um jovem elegantemente vestido sentado a uma escrivaninha que poderíamos considerar semelhante à estante junto à qual Chopin posou, tem uma ligeira relação com o nosso retrato. No caso da figura de Chopin, porém, diz-se que esse móvel específico pertenceu a Maurice Schlesinger e costuma ser citado como prova de que a fotografia foi tirada no apartamento do editor. A fotografia foi datada de 1846, por seus atuais proprietários, a Sociedade F. Chopin, de Varsóvia, uma vez que, naquele ano, Schlesinger vendeu seu negócio e pouco depois se retirou para Baden-Baden, na Alemanha. Naquela data, entretanto, Chopin e seu irascível editor já haviam se separado social e (exceto para os contratos ainda vigentes) profissionalmente. O que torna uma data posterior, 1848-49, ou logo após a volta do compositor da Inglaterra, mais plausível é o estado físico do modelo. A aparência de Chopin exibe todos os sintomas do edema característico dos estágios finais de sua doença, assim como a expressão sugere dor ou um mal-estar extremo. Ainda que os Bisson tivessem uma escrivaninha desse tipo como acessório para a produção de fotos no estúdio, de modo a mostrar o cliente como artista ou intelectual, não é provável que o estado de saúde de Chopin permitisse uma pose em estúdio. Não há provas de que eles aten-

---

[314] O daguerreótipo foi o primeiro processo fotográfico comercializado para o público em geral, criado pelo físico e pintor francês Daguerre (1787-1851) e divulgado na Academia Francesa de Ciências em 1839, com processo de captação de imagem consistente na fixação das cenas obtidas em câmara escura numa folha de cobre (ou outro metal) com um banho de prata.

dessem a "chamados em casa". O comportamento dos intrusos misteriosos no momento da morte de Chopin – suas tentativas de empurrar a cama para perto da janela – ilustra outro obstáculo, assim como o inusitado equipamento, para um estúdio portátil: qual seja, o problema de improvisar a iluminação adequada. Portanto, como o próprio retrato perturbador, o mistério do fotógrafo e do cenário permanece.[315]

Certo é que, para a maioria dos especialistas, não pairam dúvidas de que a fotografia foi realmente tirada em 1849, no estúdio de Louis-Auguste Bisson, pouco tempo antes da morte de Chopin.

---
315 EISLER, 2005, p. 243-244.

Destaque-se, no entanto, que o físico suíço Alain Kohler – reconhecido como grande *connoisseur* de Chopin (e que já havia descoberto, dentre outros, um piano Pleyel que fora usado por Chopin) – revelou ao mundo, em 2017, ter encontrado um daguerreótipo ainda desconhecido do compositor, na coleção particular de um músico na Suíça – com a colaboração do jornalista musical Gilles Bencimon, da Radio France Internationale. Crê-se que esse daguerreótipo fora sacado em 1847.

Esta seria, assim, a *segunda* e única imagem do compositor existente em todo o mundo, realizada, ao que tudo indica, também no estúdio parisiense de Louis-Auguste Bisson – para os que concordam com a tese de que Chopin efetivamente encontrava-se no estúdio de Bisson.

Segundo Kohler, a descoberta deu-se por puro acaso conversando com o músico suíço em sua sala de estar, quando se deparou com uma imagem na parede que mostrava uma pessoa jovem e elegante com um rosto sombrio, e então subitamente percebeu tratar-se de Chopin. A partir desse momento, Kohler convence o seu proprietário a fazer uma cópia da imagem para que fosse estudada, para o que contou com a colaboração de Bencimon. A conclusão era de que realmente tratava-se de Chopin, tanto pela aparência física, expressões e roupas, quanto também pela decoração muito semelhante da parede ao fundo.[316]

De fato, quem observa com cuidado as duas fotografias percebe que os cabelos, os olhos, o nariz e a indumentária usada são características do compositor também presentes na conhecida fotografia, além do que a moldura em gesso – típica dos imóveis franceses – da parede ao fundo induz compreender tratar-se do mesmo ambiente, isto é, o estúdio fotográfico de Louis Bisson.

A descoberta é absolutamente curiosa e levou especialistas a se debruçarem sobre essa nova imagem, temporalmente anterior àquela conhecida, de 1849. Sua análise, no entanto, pode ser realizada por qualquer expectador atento, desde que levados em consideração os elementos indicativos capazes de compará-la a outros retratos (pinturas ou gravuras) do compositor.

Seja como for, os elementos verificados oferecem indícios suficientes de que efetivamente se trata de uma imagem de Chopin, tanto pela ambientação quanto pelo semblante característico do compositor.

---

316 Fonte: *Instituto Polonês* de Paris.

De fato, a comparação entre as duas imagens – o daguerreótipo provável de 1847 e a fotografia feita em 1849, ambos de autoria de Bisson – demonstra nitidamente, sem qualquer dificuldade, que essa imagem mais antiga (daguerreótipo) se aproxima perfeitamente da imagem mais recente (fotografia) do artista, quer sob o ângulo da testa, das sobrancelhas, das marcas da face (especialmente do pequeno inchaço abaixo do olho direito) e da vestimenta, na qual se destaca muito semelhante gravata borboleta.

Por isso, como informou o Instituto Polonês de Paris, em 2017, a análise objetiva – ponto a ponto – dos vários parâmetros das imagens, incluindo a própria técnica e a textura do documento, permite concluir ser altamente improvável tratar-se de uma falsificação.[317]

---

[317] Fonte: *Instituto Polonês* de Paris.

Ademais, os cabelos penteados sempre à direita, o nariz avantajado e a indumentária formal – com o mesmo modelo de gravata, inclusive – revelam o mesmo Chopin de várias célebres gravuras e pinturas conhecidas, como a elaborada por Delacroix em 1838, exposta atualmente no Louvre.[318] De fato, se sobrepostas ambas as imagens – o daguerreótipo e a pintura de Delacroix – é possível notar esses idênticos traços de semelhança, indicativos de se tratar, efetivamente, da mesma pessoa.

É curioso observar, no entanto, que o próprio Chopin não se refere a daguerreótipos – ou fotografias – em suas correspondências enviadas entre 1847 e 1849, o que não significa que não seja verdadeiro o daguerreótipo sacado anteriormente à conhecida – e até então única oficial – fotografia de Chopin. Para nós, não há dúvidas tratar-se de Chopin o que se representa no daguerreótipo encontrado por Kohler, dadas todas as particularidades e semelhanças presentes tanto no famoso retrato de Delacroix como na conhecida fotografia tirada por Bisson, em 1849.

---

[318] Para a ficha técnica da obra, ver: NÉRET, 2004, p. 38.

Por fim, há quem diga que outra imagem de Chopin – ainda mais antiga, com data provável de 1845 – também existe e deve ser levada em consideração.[319] Conforme Gibbons, tal imagem foi redescoberta nos escritórios da Casa Breitkopf & Härtel, em Leipzig, em 1936, fotografada por Czeslaw Olszewki – os originais teriam sido perdidos durante a Segunda Guerra Mundial – e, exibida, pela primeira vez, em uma exposição na Biblioteca Polonesa em Paris, em 1937.[320]

A imagem de que se trata, no entanto, mostra pessoa muito mais jovem para o tempo de apenas *quatro anos* de diferença com as demais imagens, acima vistas. Ainda que o cabelo e o nariz sejam semelhantes, inclusive a indumentária, não se pode afirmar com precisão tratar-se de Chopin.

---
319 Assim a opinião do compositor e pianista britânico Jack Gibbons, em seu Blog.
320 GIBBONS, Jack. Chopin's photograph? JACK GIBBONS BLOG, 1 mar. 2010. Disponível em: http://jackgibbons.blogspot.com/2010/03/chopins-photograph.html. Acesso em: 18 dez. 2019.

Ademais, essa pretensa "primeira imagem" de Chopin não vem à luz com explicação convincente sobre sua origem e de como chegou à Alemanha para os editores Breitkopf & Härtel, o que somente seria possível se o próprio Chopin a tivesse enviado. Ainda assim, não se saberia por qual razão Chopin teria assim procedido.

Poderia haver, por outro lado, um resquício de esperança se fosse a imagem sacada anos antes, no início dos experimentos da reprodução fotográfica na França. Isso, no entanto, de alguma maneira, seria referido em alguma (curta que seja) correspondência enviada ou recebida por Chopin naqueles anos. Certo é que algo de intrigante existe na imagem que faz com que os aficionados pelo compositor relutem em aceitá-la como verdadeira, menos à custa de sua (improvável) data que à luz de sua singularidade, não representativa do compositor que se conhece por outras gravuras.

Seja como for, o que ressalta ao menos das duas imagens agora conhecidas de Chopin é sua face emblemática, de feição triste e olhar distante, de alguém que experimenta um sofrimento angustiante e sem igual, decorrente de enfermidade que o consome e lhe tira as forças. Por outro lado, as imagens também demonstram um Chopin alheado ao mundo terreno e indiferente a tudo quanto não diga respeito à sua obra musical.

Enfim, o olhar tristonho e fixado ao longe, a introspecção complexa de sua face e a palidez notória em ambas as imagens são o retrato mais fiel de um homem que seguramente não experimentou tanta felicidade, nem arroubos de alegria ou descontração, senão fez de sua existência a missão permanente e única de produzir para a humanidade as melodias sem as quais muitos não poderiam viver.

PARTE III: CRONOLOGIA DA VIDA E OBRA DE CHOPIN

CRONOLOGIA DA VIDA DE CHOPIN

A ordem de acontecimentos na vida de Chopin é importante para musicólogos e biógrafos por vários motivos, especialmente para que se conheça (a) a sua trajetória pessoal rumo ao sucesso e à glória, (b) a data de conclusão e/ou publicação de várias de suas obras e (c) os principais acontecimentos que marcaram muitas de suas composições.[321]

Em especial, à luz da cronologia seguinte será possível conectar os acontecimentos da vida do compositor com os momentos – felizes, tristes etc. – em que suas principais obras foram compostas. A lista completa das composições de Chopin – com e sem número de *Opus*, publicadas ou não em vida – será apresentada no capítulo seguinte.

1771

15 de abril

Nasce em Marainville (Lorena) o pai de Frédéric Chopin, Nicolas Chopin.

1782

14 de setembro

Nasce em Izbika Kujawska (Polônia) a mãe de Frédéric Chopin, Tekla Justyna Krzyżanowska.

1787

Chega a Varsóvia Nicolas Chopin, acompanhado por Adam Weydlich, administrador do conde de Miguel Pac.

---

[321] A cronologia seguinte foi colhida em: BAL Y GAY, 1959, p. 258-268 e SCHLESINGER, 1968, p. 129-142, mas com vários acréscimos e adaptações necessários. As confirmações pertinentes à cronologia (bem assim seus acréscimos e adaptações) basearam-se, especialmente, em: SYDOW, 2007, p. 21-702 e SMIALEK, 2000, p. 3-7.

1793

Nicolas Chopin participa ativamente nas batalhas de Koszciusko, pela liberdade da Polônia.

1795

Nicolas Chopin, como professor de francês, ensina na casa da senhora Lonczynska. Entre as filhas desta dama, de cuja educação se ocupa, destaca-se a pequena Maria, futura condessa Maria Waleska, personagem de grande relevo na vida amorosa de Napoleão I.

1802

Nicolas Chopin obtém o lugar de educador dos filhos do Conde Skarbek. Muda para o castelo Zelazowa Wola, próximo a Varsóvia, onde também reside a jovem parente da condessa, Justina Krzyzanowska, futura esposa de Nicolas Chopin.

1806

2 de junho

Casamento dos pais de Frédéric Chopin, na igreja de Brochów, perto de Sochaczew.

1807

6 de abril

Nasce em Varsóvia, a primeira filha do casal Chopin, Louise.

1810

1º de março

Às 18h da tarde, em Zelazowa Wola, Polônia, nasce Frédéric François Chopin – no registro de batismo consta o nome em polonês, Fryderyk Franciszek Chopin –, segundo filho do casal Nicolas, 39 anos, e Justina Chopin, 28 anos.

23 de abril

Batismo de Frédéric Chopin, na igreja Brochów. Por um engano do padre, fica registrada a data do nascimento de Frédéric o dia 22 de fevereiro, uma semana antes da real data de nascimento. O registro paroquial está assim lavrado:

> Nicolas Chopin, o pai, de 40 anos de idade, com domicílio na aldeia de Zelazowa Wola. Nos mostrou um filho varão que nasceu em sua casa aos 22 dias do mês de fevereiro do presente ano [...] e que é seu desejo que ao filho se lhe coloque o nome de Fryderyk Franciszek Chopin [...].

Os documentos encontrados, como também a correspondência posteriormente publicada, provam que a verdadeira data de nascimento de Frédéric Chopin é 1º de março e não 22 de fevereiro de 1810.[322]

2 de setembro

Nicolas Chopin é nomeado professor de francês no Liceu de Varsóvia.

1811

9 de julho

Nasce, em Varsóvia, a terceira filha do casal Chopin, Isabel.

1813

Nasce, em Varsóvia, Emília, a quarta e última filha do casal Chopin, e a terceira irmã de Frédéric.

1814

Por decisão do Congresso de Viena, o Grão-Ducado de Varsóvia se converte em reino e para ele é proclamado soberano o Czar Alexandre I da Rússia.

1816

A família Chopin muda-se e instala-se num apartamento, que faz parte do Palácio Casimiro, sede do Liceu de Varsóvia. Aqui, a família recebe inúmeros amigos, entre eles professores, escritores, músicos, pintores e atores.

Com seis anos de idade, Chopin inicia suas aulas de piano com o professor Wojciech Żywny – que, de formação, era violinista –,[323] então com 60 anos de idade.

1817

Chopin compõe a sua primeira *Polonaise*, em sol menor, dedicada à Condessa Skarbek, publicada em Varsóvia por J J. Cybulski em 1830.

---

[322] Equivocadamente, referem-se ao dia 22 de fevereiro de 1810 como data de nascimento de Chopin os seguintes autores: WIERZINSKY, [19--], p. 26; BIDOU, 1935, p. 5; POURTALÈS, 1959, p. 13 e BOURNIQUEL, 1990, p. 27.

[323] Há referências de que Chopin pudesse ter 9 anos quando iniciou seus estudos com Żywny. Cf.: LISZT, 1945, p. 263.

1818

24 de fevereiro

Aos oito anos de idade, Frédéric Chopin aparece, pela primeira vez, em público. Durante uma Festa de Beneficência, organizada no Palácio do Príncipe Radziwil, o pequeno artista executa o *Concerto em mi menor*, de Adalbert Gyrowetz.

26 de setembro

A Imperatriz Maria Teodorovna, mãe do Czar, visita o Liceu de Varsóvia. Frédéric Chopin oferece à visitante o manuscrito da sua Polonaise, escrita em sua homenagem.

1820

A célebre cantora italiana, Angélica Catalani, durante a sua excursão artística, fica admirada pelo talento do pequeno Frédéric. Oferece ao futuro gênio um relógio de ouro, com a seguinte dedicatória gravada na peça:

> A Sra. Catalani
> para Frédéric Chopin
> de 10 anos de idade
> em Varsóvia
> a 3 de janeiro de 1820

Nesse mesmo ano, Chopin dedica sua *Marcha militar* ao Grão-Duque da Rússia, Constantino Pavlovich. A *Marcha* foi, posteriormente, orquestrada e muitas vezes executada pela Banda Militar.

1821

23 de abril

Frédéric Chopin oferece ao seu professor Żywny, por ocasião da sua data natalícia, a Polonaise em lá bemol maior.

1822

Frédéric inicia aulas particulares de composição com o professor Józef Elsner (1769-1854), fundador e primeiro diretor da Escola Superior de Música – Conservatório – de Varsóvia. Escreve a Polonaise em sol sustenido menor, dedicando-a "à Sra. Dupont".

1823

Frédéric, após os seus estudos preparatórios, ingressa no Liceu de Varsóvia. Executa, em 24 de fevereiro, o concerto de Ferdinand Ries.

1824

Frédéric conclui brilhantemente o ano escolar. Os meses de agosto e setembro passa na casa do seu amigo Domenico Dziewanowski. Executa, no mesmo ano, o *Concerto* de Kalkbrenner.

6 de dezembro

Frédéric participa numa comédia, demonstrando as suas grandes qualidades de ator.

1825

O *Rondó* para piano em dó menor – (*Op. 1*) – é publicado pela litografia A. Brzezyna em Varsóvia, dedicado à Sra. Linde. A partir desse momento, Frédéric começa a compor de forma séria, preocupado com a repercussão de suas composições, sua técnica e sonoridade.

A partir de então, Chopin, com quinze anos de idade, começa ser conhecido do grande público.

Maio

Em 20 de maio e 10 de junho dá concertos públicos em Varsóvia. A partir dessa época, toca também, todos os domingos, órgão na Igreja de Varsóvia, durante a missa cantada pelos alunos do Liceu. Durante o verão, excursiona para Torun e Gdansk.

Junho

Frédéric toca para o Czar Alexandre I – que se encontrava em Varsóvia para presidir a abertura da *Dieta* – e dele recebe, de presente, um anel de diamantes. No concerto, Chopin toca num Aelomelodikon.[324]

Verão

Passa férias em Szafarnia.

1826

27 de julho

Chopin recebe o diploma que lhe permite ingressar na Universidade.

11 de agosto

Por própria iniciativa, toca em benefício dos órfãos.

Setembro

Chopin se matricula na Escola Superior de Música – Conservatório – de Varsóvia. Passa a ser aluno de harmonia e contraponto de Józef Elsner.

---

[324] Instrumento com características híbridas entre um órgão e um piano.

Compõe o *Rondó à la Mazurca* em fá maior – (*Op. 5*) –, dedicado à condessa Alexandrina de Moriollesm, que é posteriormente, em 1820, editado.

1827

10 de abril

Morre Emilia Chopin, com 14 anos, de tuberculose. Frédéric sente profundamente a perda da irmã: é a primeira grande decepção de sua vida.

A família Chopin muda-se para o Palácio Krasinski, situado na Rua Cracóvia nº 5.

Frédéric compõe as *Variações* sobre o tema de "Don Juan", de Mozart, que é editado em Viena, no ano 1830. Compõe também a Sonata em dó menor – (*Op. 4*) – dedicada a Józef Elsner.

Elsner anota no exame de Chopin: "szczególna zdolność".[325]

1828

Setembro

Chopin realiza a sua primeira viagem para o exterior. Acompanha o professor Jarocki, da Universidade de Varsóvia, a um congresso em Berlim. Permanece ali três semanas, assistindo a diversos concertos e frequentando a Ópera. Na sua volta, para em Cylichowo, perto de Poznan, onde é recebido pelo bispo Wolicki.

No mesmo ano, compõe diversas obras importantes: *Estudos 1 e 2* (*Op. 10*); o *Rondó à la Krakowiak* (*Op. 14*); a *Polonaise* (*Op. 71, nº 2*) e o *Rondó* em dó maior (*Op. 73*). Além disso, inicia a composição do *Trio* em sol menor (*Op. 8*) e do *Rondó* (*Op. 5*).

1829

Julho

Os estudos de Chopin no Conservatório chegam ao fim. O Prof. Elsner escreve as seguintes palavras no boletim do aluno: "Chopin, extraordinária capacidade. Gênio musical."

Chopin parte para a sua primeira viagem a Viena, para dar concertos.

Agosto

Primeiro concerto em Viena no *Kärntnerthortheater*. O êxito anima Frédéric a dar o seu segundo concerto dia 18 do mesmo mês. Completo triunfo. Chopin retorna à Polônia, passando por Praga, Dresden e Wroclaw.

---

[325] A tradução é "talento excepcional".

Pouco depois, enamora-se de Constança Gladowska (1810-1880). O *Concerto* em Fá Menor – *(Op. 21)* – é inspirado nesse amor.

Escreve a *Grande Fantasia sobre Árias Polonesas*, em lá maior, para piano e orquestra *(Op. 13)*.

Outubro

Chopin passa uma temporada em Strzyzewo, na casa de sua madrinha, a condessa Ana Wiesiolowska de Skarbek.

19 de dezembro

Frédéric Chopin dá um concerto privado na Ressource de Varsória, improvisando brilhantemente. Estabelece relações de amizade com a elite literária da época: Stefan Witwicki, Maurycy Mochnacki, Józef Bohdan Zaleski etc.

1830

8 de fevereiro

Executa pela primeira vez o *Concerto* em Fá menor – *(Op. 21)* – no salão de seus pais, acompanhado por uma pequena orquestra.

17 de março

Chopin toca no Teatro Nacional de Varsóvia – Teatr Narodowy – o *Concerto* em fá menor – *(Op. 21)* – e a *Grande Fantasia sobre Árias Polonesas* – *(Op. 13)* –, com a orquestra dirigida por Karol Kurpinski. Esse foi o seu primeiro concerto público, obtendo estrondoso sucesso.

Verão

Chopin compõe o *Concerto* em Mi Menor – *(Op. 11)*. Em julho, passa a sua última temporada em Poturzyn, na casa do seu amigo Titus Woyciechowski.

No seu concerto de despedida, no Teatro Nacional de Varsóvia, Chopin toca o *Concerto* em mi menor – *(Op. 11)* – e a *Grande Fantasia sobre Árias Polonesas* – *(Op. 13)*. Constança Gladowska canta durante esse concerto.

2 de novembro

Chopin deixa Varsóvia, para onde jamais regressaria. Seus amigos esperam-no no subúrbio de Wola para dar-lhe o seu "adeus".

Em companhia de Titus Woyciechowski, que o espera em Kalisz, Chopin passa por Wroclaw, onde toca em público e por Praga. Finalmente, no dia 24 de novembro, chega a Viena.

28 de novembro:

Tem início a revolução em Varsóvia. Chopin quer voltar com Titus. Em Viena, Chopin torna-se amigo do Dr. Malfatti, médico de Beethoven. Conhece o excelente violonista checo, José Slavik.

Conhece também Czerny, Hummel, Diabelli, Kiesewetter, Aloys Schimidt, Boklet, Stadler e Thalberg.

1831

Publica a *Introdução* e *Polonaise* para Violoncelo, – Op. 3.

4 de abril:

Chopin e outros dez artistas dão um concerto beneficente.

11 de junho:

Chopin organiza e dá um concerto, executando o *Concerto* em Mi Menor.

20 de junho:

Chopin parte rumo a Paris, passando por Salzburg e Munique.

28 de agosto:

Acompanhado pela Orquestra da Sociedade Filarmônica de Munique, toca com grande êxito o *Concerto* em Mi Menor e a *Grande Fantasia sobre Árias Polonesas*.

Setembro:

Chopin chega a Stutgart, onde recebe a triste notícia sobre a ocupação russa em Varsóvia. Admite-se que, nessa época, Chopin tenha composto o *Estudo nº 12 (Op. 10)*, conhecido por "Revolucionário".

Chopin chega a Paris, onde se instala no quinto andar do prédio nº 27 do Boulevard Poissonnière, um pequeno apartamento de duas peças. Ali conhece Cherubini, Hiller, Liszt, Kalkbrenner, Rossini, Paer, Pixis e outros.

Executa o *Concerto* em Mi Menor, *Op. 11*, reconhecido pelo *Allgemeine Musikalische Zeitung* como "um gênio".

17 de novembro:

Encontra Delfina Potocka.

Dezembro:

Constanza Gladkowska casa-se com Jozef Grabowski.

Schumann exalta a genialidade de Chopin – "temos aqui um gênio!", diz ele – no *Allgemeine Musikalische Zeitung*, numa resenha sobre as *Variações Op. 2 de Chopin a Là ci darem la mano,* da ópera *Don Giovanni,* de Mozart.[326]

1832

26 de fevereiro

Chopin dá o seu primeiro concerto em Paris, na *Salle Pleyel*. Toca o seu *Concerto* em fá maior e as *Variações* sobre *Là ci darem la mano, Op. 2.*

Abril e maio

Chopin participa de vários concertos, organizados por outros músicos, além de tocar na casa do barão James de Rothschild, conquistando, a partir dali, a alta sociedade parisiense.

Chopin mantém relações cordiais com emigrantes poloneses, que chegam a Paris. Conhece também Hector Berlioz e o escocês John Field, para quem executa algumas peças.

Publica quatro *Mazurcas (Op. 6)* e seis *Mazurcas (Op. 7),* além do *Trio para Violoncelo e Piano (Op. 8)* e os *Noturnos (Op. 9).*

Concerto no Conservatório de Paris, sob os auspícios da Princesa Moskova.

Junho

Chopin se muda para Cité Bergère, n° 4. Volta a dar lições de piano.

1833

Chopin é eleito membro da Sociedade Literária Polonesa, em Paris. Participa de diversos concertos em Paris. Torna-se amigo de Vincenzo Bellini.

São editados os seguintes trabalhos de Chopin: *Trio* em Sol menor para piano, violino e violoncelo *(Op. 8);* três *Noturnos (Op. 9);* doze *Estudos (Op. 10),* dedicados a Franz Liszt; o *Concerto* em Mi Menor *(Op. 11)* e as *Variações Brilhantes sobre o Rondó (Op. 12).*

O pianista se instala em novo endereço: Chaussée d'Antin, n° 5 (rue du Mont Blanc).

Chopin e Liszt tocam juntos num concerto beneficente no Conservatório.

---

326 Cf.: *Allgemeine musikalische Zeitung,* Leipzig: Breitkopf & Härtel, v. 33, n. 49, 7 dez. 1831.

1834

Primavera

Chega a Paris um dos mais queridos amigos de Chopin: Jean Matuszynski. Passa a viver na casa de Chopin para acabar os seus estudos de medicina, em Paris.

Maio

Em companhia de Hiller, Chopin assiste ao Festival de Aquisgran. Na Alemanha, visita Colônia, Coblenza e Dusseldorf. Encontra-se com Mendelssohn, Clara Wieck e Robert Schumann.

De volta a Paris, participa de um concerto de Berlioz. Nessa época, ficam editados os seguintes trabalhos de Chopin: *Grande Fantasia sobre Árias Polonesas*, para piano e orquestra *(Op. 13)*; *Rondó à la Krakowiak (Op. 14)*; três *Noturnos (Op. 15)*; *Rondó* em mi bemol maior *(Op. 16)*; quatro *Mazurcas (Op. 17)*; a *Grande Valsa Brilhante* em mi bemol maior *(Op. 18)* e o *Bolero (Op. 19)*.

Chopin compõe a *Fantaisie-Impromptu (Op. 66)*, editada por Julien Fontana após a sua morte.

Dezembro

Em 14 de dezembro, participa de um concerto com Berlioz. Em 25 de dezembro, apresenta-se num concerto com Liszt.

1835

Publica o *Scherzo* em Si Menor *(Op. 20)*.

25 de fevereiro

Chopin toca a dois pianos, com Hiller, na Casa Erard.

22 de março

Participa de um concerto dado na *Salle Pleyel*.

4 de abril

Participa de um concerto beneficente aos refugiados poloneses no Théatre Italien.

26 de abril

No Conservatório de Paris, Chopin impressiona profundamente o auditório. Triunfo absoluto. Toca o *Andante Spianato* e a *Grande Polonaise* em Mi Bemol *(Op. 22)*.

Fins de julho – início de agosto

Chopin está em Enghien, hóspede do marquês de Custine. São editados: o primeiro *Scherzo* em si menor *(Op. 20)* e as quatro *Mazurcas (Op. 24)*.

29 de maio

Encontra o poeta Adam Mickiewicz.

15 de agosto

Justina e Nicolas Chopin estão em Karlsbad (Alemanha). Frédéric surpreende-os com a sua visita. Imensa satisfação e alegria. Era a última vez que ele veria os pais.

Em Dresden, Chopin encontra a família Wodzinska. Aqui, nasce o idílio com Maria Wodzinska.

1836

Abril

É publicado o seu *Concerto* em Fá Menor *(Op. 21)*, dedicado à condessa Delfina Potocka.

Agosto

Chopin, que não deixou de sonhar com Maria Wodzinska, vai a Karlsbad (Alemanha), onde a jovem está passando suas férias de verão com a família. Frédéric pede a mão de Maria.

11 de setembro

Chopin viaja para Leipzig, onde se encontra novamente com Schumann.

São editados os seguintes trabalhos de Chopin: *Grande Polonaise Brilhante* em Mi bemol maior *(Op. 22)*; *Balada* em Sol menor *(Op. 23)*; duas *Polonaises* em Dó sustenido menor e Mi bemol menor *(Op. 26)* e os dois *Noturnos (Op. 27)*.

Chopin se instala em novo endereço: Chaussée d'Antin, n° 38.

Durante o inverno

Chopin se encontra, pela primeira vez, com a escritora George Sand. Travam conhecimento, tendo como interlocutor Franz Liszt.

1837

As relações com a família Wodzinska esfriam. Chopin sofre cruelmente.

Seu amigo Camille Pleyel leva-o para Londres, onde os dois passam quinze dias, visitando a cidade.

Chopin toca para um reduzido público, convidado, na casa do célebre fabricante de pianos, Broadwood.

O escultor Antônio Bovy executa o primeiro medalhão de Chopin.

Rompimento do noivado de Chopin com Maria Wodzinska.

George Sand convida Chopin para passar uma temporada em Nohant, onde, entre outros convidados, se encontram Liszt e Maria d'Agoult. Frédéric nega o convite de início; depois o aceita.

Outubro a dezembro

São editados os doze *Estudos* (Op. 25), dedicados à condessa d'Agoult, além do *Impromptu* (Op. 29), do *Scherzo n° 2* (Op. 31) e os dois *Noturnos* (Op. 32).

1838

25 de fevereiro

Chopin toca no Chateau Tuileries para o rei Louis Philippe e a família real.

12 de março

Chopin dá em Rouen um concerto beneficente, com grande repercussão na elite musical.

Junho

George Sand escreve a Grzymala, fiel amigo e confidente de Chopin, confessando a sua imensa admiração pelo grande artista.[327]

Fins de junho

Iniciam-se as relações mais íntimas entre Chopin e George Sand.

Delacroix pinta o célebre duplo retrato: Chopin e George Sand – esse retrato foi posteriormente cindido em dois, ficando cada representado com uma tela autônoma. Estão atualmente expostos no Museu do Louvre, em Paris.

Chopin e George Sand passam o verão em Paris.

Outubro

Goetzenberger pinta o retrato de Chopin, sentado ao piano.

Fins de outubro

Chopin e George Sand partem para a ilha de Maiorca, Espanha.

---

[327] A íntegra dessa correspondência pode ser lida em português em: SYDOW, 2007, p. 299-307.

7 de novembro

Embarcam em Palma de Maiorca a bordo de Maiorquino.

15 de novembro

Chopin escreve a Julien Fontana contando de Palma. Cobra o envio do piano Pleyel para a ilha e diz que em breve enviará os *Prelúdios*.

15 de dezembro

Chopin e George Sand estão em Valldemossa, próximo a Palma, e instalam-se num convento.

Ali Chopin fica por vários dias atormentado, em razão das chuvas, da umidade e do aspecto sombrio do local. Muitos dos *Prelúdios* foram inspirados naquele lugar, como o *Prelúdio Gota d'Água*, em ré bemol maior, e o incompreensível *Prelúdio nº 2*.

Fins de dezembro

São editadas quatro *Mazurcas* (Op. 33) e três *Valsas* (Op. 34).

1839

12 de janeiro

Chopin, por intermédio de Julien Fontana, envia a Pleyel os manuscritos dos *24 Prelúdios* (Op. 28). Promete, também, uma *Balada* (a Op. 38, em Fá maior), duas *Polonaises* e um *Scherzo*.

20 a 22 de janeiro

O piano, que Chopin pediu a Pleyel, chega finalmente a Valldemossa.

11 de fevereiro

Chopin, gravemente doente, abandona Valldemossa com destino a Barcelona, em companhia de George Sand e seus filhos. Viajam num barco a vapor.

18 a 20 de fevereiro

Chopin e George Sand estão em Arenys del Mar, arredores de Barcelona, hospedados pelos senhores Pastor e Campllonch, conhecidos de George Sand.

Embarcam de Barcelona para Marselha.

Fins de maio

Chopin e George Sand viajam de Marselha a Nohant, para lá passarem todo o verão. Albert Grzymala, em julho, passa alguns dias com eles.

Setembro

São editados os *Prelúdios (Op. 28)*.

29 de outubro

Chopin e Moscheles tocam no Castelo de Saint-Cloud para a Família Real.

Novembro

George Sand decide fixar o seu domicílio em Paris: Rua Pigalle, n° 16. Chopin, por sua vez, muda-se para o primeiro andar da Rua Tronchet, n° 5, ali permanecendo até novembro de 1841.

1840

29 de abril

O Teatro Francês monta uma peça de George Sand: *Cosima*. A obra não obtém êxito.

Chopin e George Sand passam juntos o verão em Paris.

São editados os seguintes trabalhos de Chopin: Sonata em si bemol menor *(Op. 35)*; o segundo *Impromptu* em fá sustenido menor *(Op. 36)*; os dois *Noturnos (Op. 37)*; a segunda *Balada* em Fá maior *(Op. 38)* dedicada a Schumann; o *Scherzo* em Dó sustenido menor *(Op. 39)*, as duas *Polonaises* em Lá maior e Dó menor *(Op. 40)*; as quatro *Mazurcas (Op. 41)* e a *Valsa (Op. 42)*.

31 de dezembro

Chopin presenteia Maurício Sand, filho de George Sand, com um relógio de ouro.

1841

Abril

Chopin dá um concerto na *Salle Pleyel*, com a soprano Laure Damoreau-Cinti. O maior êxito de sua carreira.

Maria Wodzinska casa-se com José Skarbek.

18 de junho a 4 de novembro:

Chopin e George Sand passam o verão em Nohant. Após a sua volta para Paris, Chopin muda-se para o novo endereço: Rua Pigalle, n° 16 – George Sand havia alugado dois apartamentos nesse endereço, um dos quais sublocou a Chopin. Chopin volta a dar aulas de piano.

São publicados os trabalhos: *Tarantella (Op. 43)*; *Polonaise* em Fá sustenido menor *(Op. 45)*; *Allegro de Concerto (Op. 46)*; a terceira *Balada* em Lá bemol maior *(Op. 47)*, dois *Noturnos (Op. 48)* e a *Fantasia (Op. 49)*.

1842

21 de fevereiro

Chopin dá um novo Concerto na *Salle Pleyel*, junto com Pauline Viardot-Garcia e Antust Franchomme, obtendo o mesmo êxito do ano anterior.

Morre em Varsóvia Wojciech Żywny, seu primeiro professor de piano.

20 de abril

Morre o Dr. Jean Matuszynski, em Paris, íntimo e sincero amigo de Chopin.

Setembro

Publicam-se as três *Mazurcas* do *Opus 50*.

Novembro

Chopin e George Sand abandonam sua antiga moradia e vão viver – separadamente – num imóvel luxuoso no Square d'Orléans, localizado na Rua Taitbout – ele no nº 9 e Sand no nº 5. Chopin ali permaneceu por sete anos, de 1842 a 1849.

1843

Durante o verão que Chopin passa em Nohant, George Sand recebe a visita do ministro espanhol Mendizábal, para o qual Chopin executa as últimas músicas do seu repertório.

2 de outubro

São editados os seguintes trabalhos de Chopin: terceiro *Impromptu* em Sol bemol maior (*Op. 51*); a quarta *Balada* em Fá menor (*Op. 52*); a *Polonaise* em Lá bemol, "Heroica" (*Op. 53*) e o quarto *Scherzo* em Mi maior (*Op. 54*).

1844

No dia 3 de maio, falece o pai de Frédéric Chopin, Nicolas, com 73 anos de idade. Chopin abala-se profundamente com essa perda.

Sua irmã Louise – Ludwika – e seu cunhado José Calasante Jedrzejewicz chegam em agosto em Paris, a fim de consolar Frédéric. Passam junto algum tempo em Nohant, atendendo a pedido de George Sand.

George Sand termina o seu livro: *La Mare au Diable*,[328] dedicando-o ao "seu amigo Frédéric Chopin" e oferece o manuscrito à Louise Jendrzejewicz.

São editados: dois *Noturnos* (*Op. 55*) e três *Mazurcas* (*Op. 56*).

---

[328] Publicado no Brasil como *O charco do diabo*, São Paulo: Clube do Livro, 1952.

1845

São editadas: a *Berceuse* (Op. 57) e a *Sonata* em Si menor (Op. 58).

A saúde de Frédéric piora gradativamente.

Começam os desentendimentos entre Chopin e George Sand.

1846

George Sand convida com frequência Augustina Brault. Chopin dá aulas a Augustina. As aulas de Chopin são consideradas – equiparando-se ao valor monetário atual – muito caras, o que lhe permitia o sustento sem passar necessidades.

Agravam-se os desentendimentos entre Chopin e Sand.

O *Courrier Français* inicia a publicação da nova novela de George Sand: *Lucrezia Floriani*. A cantora Lucrezia seria George Sand e o príncipe Karol, seu amigo, Chopin.

Fins de verão, a atmosfera é abafante. Jogos e danças são organizados por Chopin, sendo estes bem recebidos pelos jovens: Mauricio, Solange, Augustina, o pintor Lambert, jornalista Borie e Fernando des Préault.

Em novembro, Chopin regressa a Paris.

São editados: três *Mazurcas* (Op. 59), a *Barcarola* (Op. 60); a *Polonaise Fantasia* (Op. 61) e dois *Noturnos* (Op. 62).

1847

Fevereiro

George Sand regressa a Paris com os seus filhos, Maurice e Solange.

Março

Ruptura de noivado de Solange.

Chopin toca a sua Sonata para violoncelo e piano, durante uma pequena reunião, com a presença de Sand e a condessa Delfina Potocka.

Maio

Winterhalter executa o primeiro dos quatro retratos a lápis de Chopin. No mesmo dia, o compositor cai gravemente doente.

Dia 20 de maio, casam-se, em Nohant, Solange Sand e Jean-Baptiste Auguste Clésinger.

Julho

Winterhalter executa mais três retratos de Chopin. Ary Scheffer pinta o famoso retrato do compositor e Antonio Bovy esculpe três novos medalhões.

Chopin passa alguns dias em Ville d'Avray, na casa do seu amigo Thomas Albrecht.

Desentendimentos na família Sand preocupam bastante Chopin.

Chopin passa todo o verão em Paris, aguardando notícias de George Sand.

Fins de julho

Ruptura definitiva entre Chopin e Sand.

São editados: três *Valsas* do *Opus* 64 e a *Sonata* para piano e violoncelo (*Op. 65*).

1848

Chopin sofre um forte ataque de gripe.

Fins de janeiro, António Kolberg pinta o famoso retrato de Chopin, o último durante a vida do compositor.

16 de fevereiro

Concerto na *Salle Pleyel*. Quatro dos seus melhores amigos, Camile Pleyel, Auguste Leo, Conde Perthuis e Auguste Franchomme convencem Chopin a tocar em público. Esperam, assim, arrancá-lo da tristeza e da depressão. O concerto obtém imenso êxito. Oito dias antes do concerto, todas as entradas estavam vendidas. Foi o seu último concerto em Paris.

Chopin, preocupadíssimo com os movimentos de libertação, espera que também a sua Pátria, desta vez, se tornará livre e independente.

28 de fevereiro

Solange Clésinger dá à luz sua primeira filha.

7 de março

Enterro da filha de Solange, que viveu somente uma semana.

20 de abril

Chopin viaja para Londres. Lá, fica sob a proteção da sua ex-aluna Jane W. Stirling.

Primeiras reuniões musicais na casa da *Lady* Gainsborough e do marquês Douglas.

Chopin entra em contato com Thomas Carlyle, Dickens, Rogers Hogarth e a cantora sueca Jenny Lind.

15 de maio

Chopin toca diante da Rainha Vitória, do Príncipe Albert e do Duque de Wellington, no palácio da duquesa Sutherland, em Stafford-House. Fabuloso êxito.

23 de junho

Concerto na casa da senhora Sartoris.

7 de julho

Chopin dá outro concerto na casa de Lorde Falmouth. O *Daily News* elogia o gênio Chopin.

A situação financeira de Chopin é grave. Chopin dá aulas. A sua saúde preocupa-o muito.

Atendendo a Miss Stirling, Chopin aceita um convite do cunhado da sua aluna, Lorde Torphichen, Sr. Calder, e parte para a Escócia.

28 de agosto

Grande concerto em Manchester. Marieta Alboni canta nesse concerto. Chopin hospeda-se nos arredores da cidade, na casa do industrial-artista, Schwabe. Imediatamente depois é hóspede em Edimburgo, do Dr. Lysceynski, médico polonês, residente na Escócia.

4 de setembro

Chopin passa uma temporada em Johnston Castle, mansão pertencente à irmã da Miss Stirling, Mrs. Houston.

27 de setembro

Concerto em Glasgow. Encontra lá a princesa Marcelina Czartoryska e seu marido. Retorna ao Castelo Johnston e visita a Keir House.

4 de outubro

Concerto em Edimburgo. Chopin doente e desanimado. A sua situação financeira obriga-o a tocar todas as noites e participar da vida brilhante do Hamilton Palace.

Logo depois, passa alguns dias na casa do Dr. Lyszczynski, onde uma crise da sua enfermidade o desanima completamente.

31 de outubro

Chopin regressa a Londres. Aluga um apartamento na Rua Saint James, nº 4.

16 de novembro

Convidado por Lorde Stuart, presidente da Sociedade Polonesa em Londres, para participar num concerto em benefício de emigrantes poloneses; não obstante doente, Chopin toca. É seu último concerto.

23 de novembro

Chopin deixa Londres com destino a Paris, muito fraco e abatido, em companhia do seu criado Leonardo Niedzwiecki.

Em Paris, instala-se novamente no Square d'Orléans. Está gravemente doente.

1849

30 de janeiro

Chopin escreve a Solange Clésinger relatando-lhe estar muito doente.

Verão

Chopin aluga um apartamento novo – de 234m² – no segundo andar do n° 74 da então nominada Rue de Chaillot, onde hoje se localiza o Hotel Prince de Galles – inaugurado em 1928.[329]

Sua irmã Louise vem da Polônia, para tomar conta dele. Após certa melhora, Chopin reinicia as aulas.

O fotógrafo Louis-Auguste Bisson faz a fotografia de Chopin, até então tida como a única imagem real do compositor – como já se viu, há também um daguerreótipo de Chopin, provavelmente de 1847, a indicar a existência de outra imagem autêntica sua.

Outono

Sua saúde piora. Suas forças diminuem pouco a pouco.

9 de setembro

Chopin deixa o endereço de Chaillot e instala-se num apartamento na Place Vendome, n° 12, o qual, segundo Chopin, reunia "[...] todas as condições desejadas."[330]

15 de outubro

Informada sobre o grave estado de Chopin, a condessa Delfina Potocka retorna a Paris. Visita Chopin. A seu pedido, canta com lágrimas nos olhos.

Chopin recebe os últimos sacramentos da mão de seu amigo, o abade Alexandre Jelowicki.

---

[329] No interior desse hotel há uma placa com os seguintes dizeres: "Fryderyk Chopin (1810-1849) résida en ce Lieu de mai à août 1849". Contudo, por uma correspondência de Chopin (datada de 17 de setembro de 1849) é possível verificar que o compositor se mudou no mês de *setembro* para o apartamento da Place Vendome, e não em agosto como ali informado. Cf.: SYDOW, 2007, p. 692.

[330] SYDOW, 2007, p. 692.

16 de outubro

Chopin escreve o seu último desejo, já com pouca consciência, num pedaço de papel: "Como esta terra me sufocará, eu vos suplico de abrirem meu corpo para que eu não seja enterrado vivo."

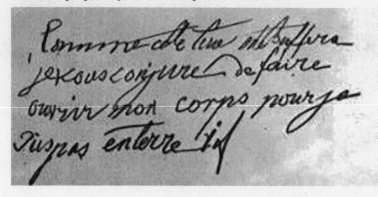

17 de outubro (quarta-feira)

Às 2h, Frédéric François Chopin, gênio mundial da música e exímio pianista, em decorrência de tuberculose pulmonar evoluída fecha para sempre os olhos.

Entre a morte e os funerais de Chopin:

Albert Grzymala escreve a Auguste Léo uma carta em que se destaca o seguinte trecho: "Perguntamo-nos por que as obras do artista são imortais, por que o gênio que as produziu deve desaparecer na aurora da vida."[331]

30 de outubro

Realizam-se em Paris os funerais de Chopin.

Missa fúnebre na Igreja Madeleine, com o *Réquiem* de Mozart – planejado pelo próprio Chopin – sendo executado pelo coro do Conservatório de Paris.

Executou-se a *Marcha fúnebre* da Sonata em si bemol menor do próprio Chopin, pela primeira vez, na versão orquestrada por Napoléon-Henri Reber.

Corpo enterrado no Cemitério do Père-Lachaise. A tumba é de mármore com escultura – posterior – de Auguste Clésinger, esposo de Solange Sand.

Dezembro

O coração de Frédéric Chopin é levado por Louise Jendrzejewicz – irmã de Chopin – para Varsóvia e depositado na Igreja da Santa Cruz, onde permanece até hoje.

---

331 SYDOW, 2007, p. 694.

CATÁLOGO DAS OBRAS DE CHOPIN

A seguir se apresenta o catálogo integral das obras de Chopin, com a seguinte divisão: *1)* composições com número de *Opus* publicadas em vida; *2)* composições sem número de *Opus* publicadas em vida; *3)* composições com número de *Opus* publicadas postumamente; e *4)* composições sem número de *Opus* publicadas postumamente.

Sabe-se, no entanto, que há muitos rascunhos ou esboços perdidos de Chopin, vários deles referenciados em suas conhecidas correspondências.[332] Há, igualmente, pequenos trechos de composições encontrados que os musicólogos não lograram dar sequenciamento lógico. Tais trechos incompletos e não catalogados não serão citados aqui.

No que tange às obras póstumas (composições completas) publicadas, já se disse, somente vieram à luz graças ao labor de Julien Fontana, que desatendeu ao desejo final de Chopin de queimar todos os originais até então não publicados. A Fontana e ao seu incansável trabalho, portanto, o mundo deve a graça de conhecer preciosidades que seriam destinadas ao desaparecimento.

I. **COMPOSIÇÕES COM NÚMERO DE *OPUS* (PUBLICADAS EM VIDA)**[333]

- Op. 1, *Rondó* em Dó menor (1825);
- Op. 2, Variações de *Là ci darem la mano*, da ópera *Don Giovanni* de Mozart, em Si bemol maior (1827-1828);
- Op. 3, *Introdução* e *Polonaise Brilhante* para Violoncelo e Piano em Dó maior (1829);
- Op. 4, *Sonata* No. 1 em Dó menor (1828);
- Op. 5, *Rondó* à Mazur em Fá maior (1826);

---

[332] Para um inventário do que seriam tais rascunhos ou esboços perdidos, ver o *anexo* do livro de Nicholas Temperley. TEMPERLEY, 1989, p. 85-96.

[333] As datas citadas referem-se ao ano (certo ou provável) de composição e não ao de publicação das obras.

- Op. 6, 4 *Mazurcas* (1830-1831);
    - No. 1 em Fá sustenido menor;
    - No. 2 em Dó sustenido menor;
    - No. 3 em Mi maior;
    - No. 4 em Mi bemol menor.
- Op. 7, 5 *Mazurcas* (1830-1831)
    - No. 1 em Si bemol maior;
    - No. 2 em Lá menor;
    - No. 3 em Fá menor;
    - No. 4 em Lá bemol maior.
    - No. 5 em Dó maior.
- Op. 8, Trio para Violino, Violoncelo e Piano em Sol menor (1829);
- Op. 9, 3 *Noturnos* (1830-1831);
    - No. 1 em Si bemol menor;
    - No. 2 em Mi bemol maior;
    - No. 3 em Si maior.
- Op. 10, *12 Estudos* decidados a Franz Liszt (1829-1832);
    - No. 1 em Dó maior (1830);
    - No. 2 em Lá menor (1830);
    - No. 3 em Mi maior (1832) ("Tristesse");
    - No. 4 em Dó sustenido menor (1832);
    - No. 5 em Sol bemol maior ("Teclas pretas") (1830);
    - No. 6 em Mi bemol menor (1830);
    - No. 7 em Dó maior (1832);
    - No. 8 em Fá maior (1829);
    - No. 9 em Fá menor (1829);
    - No. 10 em Lá bemol maior (1829);
    - No. 11 em Mi bemol maior (1829) ("Aos arpejos");
    - No. 12 em Dó menor ("Revolucionário") (1831).
- Op. 11, *Concerto* para Piano e Orquestra No. 1 em Mi menor (1830);
- Op. 12, *Variações Brilhantes* em Si bemol maior sobre *Je vends du Scapulaires* da ópera *Ludóvic*, de Ferdinand Hérold (1833);
- Op. 13, *Fantasia* sobre *Os Ares Poloneses* em Lá maior (1828-1829);
- Op. 14, *Rondó à la Krakowiak* em Fá maior (1828);

- Op. 15, *3 Noturnos* (1830-1833);
  - No. 1 em Fá maior (1830-1831);
  - No. 2 em Fá sustenido maior (1830-1831);
  - No. 3 em Sol menor (1833).
- Op. 16, *Rondó* em Mi bemol maior (1829-1834);
- Op. 17, *4 Mazurcas* (1832-1833);
  - No. 1 em Si bemol maior;
  - No. 2 em Mi menor;
  - No. 3 em Lá bemol maior;
  - No. 4 em Lá menor.
- Op. 18, *Grande Valsa Brilhante* em Mi bemol maior (1831);
- Op. 19, *Bolero* em Lá menor (1833);
- Op. 20, *Scherzo* No. 1 em Si menor (1831);[334]
- Op. 21, *Concerto* para Piano e Orquestra No. 2 em Fá menor (1829-1830);
- Op. 22, *Andante Spianato* em Sol maior e *Grande Polonaise Brilhante* em Mi bemol maior (orquestrada, 1830-31; para piano solo, 1834);
- Op. 23, *Balada* No. 1 em Sol menor (1831-1835);
- Op. 24, *4 Mazurcas* (1834-1835);
  - No. 1 em Sol menor;
  - No. 2 em Dó maior;
  - No. 3 em Lá bemol maior;
  - No. 4 em Si bemol menor.
- Op. 25, *12 Estudos* dedicados à Condessa d'Agoult (1832-1836);
  - No. 1 em Lá bemol maior (1836) ("A harpa eólica");
  - No. 2 em Fá menor (1836);
  - No. 3 em Fá maior (1836);
  - No. 4 em Lá menor (1832-1834);
  - No. 5 em Mi menor (1832-1834);
  - No. 6 em Sol sustenido menor (1832-1834);
  - No. 7 em Dó sustenido menor (1836);
  - No. 8 em Ré bemol maior (1832-1834);

---

[334] Da análise tonal da peça vê-se que a sua real tonalidade é *Ré bemol maior*, como explicado no capítulo "Observações a um conjunto selecionado de obras", no sub-capítulo "Dramaticidade dos *Scherzi*", seguindo a lição de Jesus Bal y Gay. Cf.: BAL Y GAY, 1959, p. 233-234.

- No. 9 em Sol bemol maior (1832-1834);
- No. 10 em Si menor (1832-1834);
- No. 11 em Lá menor ("*Vento de inverno*") (1834)
- No. 12 em Dó menor ("*Oceano*") (1836).
- Op. 26, 2 *Polonaises* (1831-1836);
  - No. 1 em Dó sustenido menor;
  - No. 2 em Mi bemol menor.
- Op. 27, 2 *Noturnos* (1833-1836);
  - No. 1 em Dó sustenido menor;
  - No. 2 em Ré bemol maior.
- Op. 28, 24 *Prelúdios* (1836-1839);
  - No. 1 em Dó maior (1839);
  - No. 2 em Lá menor (1838);
  - No. 3 em Sol maior (1838-1839);
  - No. 4 em Mi menor (1838);
  - No. 5 em Ré maior (1838-1839);
  - No. 6 em Si menor (1838-1839);
  - No. 7 em Lá maior (1836);
  - No. 8 em Fá sustenido menor (1838-1839);
  - No. 9 em Mi maior (1838-1839);
  - No. 10 em Dó sustenido menor (1838-1839);
  - No. 11 em Si maior (1838-1839);
  - No. 12 em Sol sustenido menor (1838-1839);
  - No. 13 em Fá sustenido maior (1838-1839);
  - No. 14 em Mi bemol menor (1838-1839);
  - No. 15 em Ré bemol maior ("Gota d'Água") (1838-1839);
  - No. 16 em Si bemol menor (1838-1839);
  - No. 17 em Lá bemol maior (1836);
  - No. 18 em Fá menor (1838-1839);
  - No. 19 em Mi bemol maior (1838-1839);
  - No. 20 em Dó menor (1838-1839);
  - No. 21 em Si bemol maior (1838-1839);
  - No. 22 em Sol menor (1838-1839);
  - No. 23 em Fá maior (1838-1839);
  - No. 24 em Ré menor (1838-1839).
- Op. 29, *Impromptu* No. 1 em Lá bemol maior (1837);

- Op. 30, 4 *Mazurcas* (1835-1837);
  - No. 1 em Dó menor;
  - No. 2 em Si menor;
  - No. 3 em Ré bemol maior;
  - No. 4 em Dó sustenido menor.
- Op. 31, *Scherzo* No. 2 em Si bemol menor (1835-1837);
- Op. 32, 2 *Noturnos* (1836-1837);
  - No. 1 em Si maior (1836-1837);
  - No. 2 em Lá bemol maior (1836-1837).
- Op. 33, 4 *Mazurcas* (1837-1838);
  - No. 1 em Sol sustenido menor;
  - No. 2 em Ré maior;
  - No. 3 em Dó maior;
  - No. 4 em Si menor.
- Op. 34, 3 *Valsas* (1831-1838);
  - No. 1 em Lá bemol maior (1835);
  - No. 2 em Lá menor (1831);
  - No. 3 em Fá maior (1838).
- Op. 35, *Sonata* para Piano No. 2 em Si bemol menor (com a *Marcha funebre*) (1839);
- Op. 36, *Impromptu* No. 2 em Fá sustenido maior (1839);
- Op. 37, 2 *Noturnos* (1837-1839);
  - No. 1 em Sol menor (1837-1838);
  - No. 2 em Sol maior (1839).
- Op. 38, Balada No. 2 em Fá maior (1836-1839);
- Op. 39, *Scherzo* No. 3 em Dó sustenido menor (1839);
- Op. 40, 2 *Polonaises* (1838-1839);
  - No. 1 em Lá maior ("*Militar*") (1838);
  - No. 2 em Dó menor (1838-1839).
- Op. 41 4 *Mazurcas* (1838-1839);[335]
  - No. 1/2, em Mi menor (1839);
  - No. 2/3, em Si maior (1838);
  - No. 3/4, em Lá bemol maior (1839);
  - No. 4/1, em Dó sustenido menor (1839);

---

335 A ordem dessas quatro *Mazurcas* varia segundo as edições originais francesa, inglesa e alemã.

- Op. 42, *Valsa* em Lá bemol maior (1839-1840);
- Op. 43, *Tarantella* em Lá bemol maior (1841);
- Op. 44, *Polonaise* em Fá sustenido menor (1840-1841);
- Op. 45, *Prelúdio* em Dó sustenido menor (1841);
- Op. 46, *Allegro de Concerto* em Lá maior (1832-1841);
- Op. 47, *Balada* No. 3 em Lá bemol maior (1840-1841);
- Op. 48, 2 *Noturnos* (1841);
  - No. 1 em Dó menor;
  - No. 2 em Fá sustenido menor.
- Op. 49, *Fantasia* em Fá menor (1841);
- Op. 50, 3 *Mazurcas* (1841-1842);
  - No. 1 em Sol maior;
  - No. 2 em Lá bemol maior;
  - No. 3 em Dó sustenido menor.
- Op. 51, *Impromptu* No. 3 em Sol bemol maior (1842);
- Op. 52, *Balada* No. 4 em Fá menor (1842);
- Op. 53, *Polonaise* em Lá bemol maior ("Heroica") (1842);
- Op. 54, *Scherzo* No. 4 em Mi maior (1842);
- Op. 55, 2 *Noturnos* (1843);
  - No. 1 em Fá menor;
  - No. 2 em Mi bemol maior.
- Op. 56, 3 *Mazurcas* (1843);
  - No. 1 em Si maior;
  - No. 2 em Dó maior;
  - No. 3 em Dó menor.
- Op. 57, *Berceuse* em Ré bemol maior (1843);
- Op. 58, *Sonata* para Piano No. 3 em Si menor (1844);
- Op. 59, 3 *Mazurcas* (1845);
  - No. 1 em Lá menor;
  - No. 2 em Lá bemol maior;
  - No. 3 em Fá sustenido menor.
- Op. 60, *Barcarolla* em Fá sustenido maior (1845-1846);
- Op. 61, *Polonaise-Fantasia* em Lá bemol maior (1845-1846);
- Op. 62, 2 *Noturnos* (1846);
  - No. 1 em Si maior;
  - No. 2 em Mi maior.

- Op. 63, 3 *Mazurcas* (1846);
  - No. 1 em Si maior;
  - No. 2 em Fá menor;
  - No. 3 em Dó sustenido menor.
- Op. 64, 3 *Valsas* (1846-1847);
  - No. 1 em Ré bemol maior (*"Valsa do Minuto"*);
  - No. 2 em Dó sustenido menor;
  - No. 3 em Lá bemol maior (composto por volta de 1840).
- Op. 65, *Sonata* para Violoncelo e Piano em Sol menor (1845-1847).

II. **COMPOSIÇÕES SEM NÚMERO DE *OPUS* (PUBLICADAS EM VIDA)**

- S 1 No. 1, *Polonaise em Sol menor* (primeira composição de Chopin) (1817);
- S 1 No. 2, 2 *Mazurcas* (1826);
  - No. 2*a* em Sol maior;
  - No. 2*b* em Si bemol.
- S 2 No. 1, *Grande Duo Concertante* para Violoncelo e Piano em Mi maior, sobre temas da ópera *Robert le Diable*, de Giacomo Meyerbeer (1832-1833) [há versão para piano a quatro mãos, composta ente 1833-1838];
- S 2 No. 2, *Variação No. 6 em Mi maior* para o ciclo *Hexameron* sobre a marcha da Ópera *I Puritani*, de Bellini (1837);[336]
- S 2 No. 3, 3 *Estudos* (1839);
  - No. 3*a* em Fá menor;
  - No. 3*b* em Lá bemol;
  - No. 3*c* em Ré bemol.
- S 2 No. 4, *Mazurca* em Lá menor ("Notre Temps") (1840);
- S 2 No. 5, *Mazurca* em Lá menor ("*Émile Gaillard*") (1841);
- A 1 No. 1, *Mazurca* em Ré maior ("*Mazurek*") (1820);
- A 1 No. 2, *Prelúdio* em Fá maior (1845);

---

[336] *Hexameron* – cujo nome se refere aos seis dias bíblicos da criação – foi um tributo que um grupo de seis amigos compositores decidiu prestar à morte de Bellini, escrevendo cada qual uma variação à Marcha de sua última ópera, *I puritani*. A composição conjunta – capitaneada por Liszt – contou com a contribuição de Liszt, Thalberg, Pixis, Herz, Czerny e Chopin, que compôs a sexta e última peça do conjunto.

- A 1 No. 3, *Andantino Animato* em Fá maior (1845);
- A 1 No. 4, *Contradança* em Sol bemol maior (1826);
- A 1 No. 5, *Variações* em Mi maior para Flauta e Piano sobre a ária *Non piu mesta*, da ópera *La Cenerentola* (1824);
- A 1 No. 6, *Noturno* em Dó sustenido menor ("Noturno Esquecido") (data desconhecida);
- A 1 No. 7, *Valsa* em Fá sustenido menor ("Valsa Melancólica") (data desconhecida).

III. **COMPOSIÇÕES COM NÚMERO DE *OPUS* (PUBLICADAS POSTUMAMENTE)**

- Op. post. 66, *Fantasia-Improviso* em Dó sustenido menor (1833-1835)
- Op. post. 67, 4 *Mazurcas* (1835-1849);
    - No. 1 em Sol maior (1835);
    - No. 2 em Sol menor (1848-1849);
    - No. 3 em Dó maior (1835);
    - No. 4 em Lá menor (1846-1847).
- Op. post. 68, 4 *Mazurcas* (1827-1849);
    - No. 1 em Dó maior (1829-1830);
    - No. 2 em Lá menor (1826-1827);
    - No. 3 em Fá maior (1829-1830);
    - No. 4 em Fá menor (1849) [última composição de Chopin].
- Op. post. 69, 2 *Valsas* (1829-1835);
    - No. 1 em Lá bemol maior (1835);
    - No. 2 em Si menor (1829).
- Op. post. 70, 3 *Valsas* (1829-1841);
    - No. 1 em Sol bemol maior (1832);
    - No. 2 em Fá menor (1841);
    - No. 3 em Ré bemol maior (1829).
- Op. post. 71, 3 *Polonaises* (1825-1828);
    - No. 1 em Ré menor (1825-1827);
    - No. 2 em Si bemol maior (1828);
    - No. 3 em Fá menor (1826-1828).
- Op. post. 72, (1826-1827);
    - No. 1 *Noturno* em Mi menor (1828-1830);

- No. 2 *Marcha Fúnebre* em Dó menor (1826);
- No. 3 *3 Escocesas* (1826);
- No. 3*a* em Ré maior;
- No. 3*b* em Sol maior;
- No. 3*c* em Ré bemol maior.

• Op. post. 73, *Rondó em Dó maior* (para dois pianos) (1828);
• Op. post. 74, 19 *Canções Polonesas* (1829-1847);
  - No. 1 O desejo (sobre o poema *Życzenie*, de S. Witwicki) (1829);
  - No. 2 Primavera (sobre o poema *Wiosna*, de S. Witwicki) (1838);
  - No. 3 O rio triste (sobre o poema *Smutna rzeka*, de S. Witwicki) (1831);
  - No. 4 Música para beber (poema *Hulanka*, de S. Witwicki) (1830);
  - No. 5 Onde ela ama (poema *Gdzie lubi*, de S. Witwicki) (1829);
  - No. 6 Longe dos meus olhos! (poema *Precz z moich oczu!*, de W. Mickiewicz) (1830);
  - No. 7 O Mensageiro (poema *Poseł*, de S. Witwicki) (1830);
  - No. 8 Belo rapaz (poema *Śliczny chłopiec*, de B. Zaleski) (1841);
  - No. 9 Melodia (poema *Melodia*, de Z. Krasiński) (1847);
  - No. 10 O guerreiro (poema *Wojak*, de S. Witwicki) (1830);
  - No. 11 O duplo fim (poema *Dwojaki koniec*, de B. Zaleski) (1845);
  - No. 12 Minha querida (poema *Moja pieszczotka*, de A. Mickiewicz) (1837);
  - No. 13 Não há nada para mim aqui (poema *Nie ma czego trzeba*, de B. Zaleski) (1845);
  - No. 14 O Anel (poema *Pierścień*, de S. Witwicki) (1836);
  - No. 15 O noivo (poema *Narzeczony*, de S. Witwicki) (1831);
  - No. 16 Canção lituana (texto *Piosnka litewska*, de L. Osiński) (1831);
  - No. 17 As folhas estão caindo [Hino da Túmulo] (poema *Śpiew z mogiłki*, de W. Pol) (1836);
  - No. 18 Feitiçaria (poema *Czary*, de S. Witwicki) (1830);
  - No. 19 Pensamento (poema *Dumka*, de B. Zaleski) (1840).

IV. **COMPOSIÇÕES SEM NÚMERO DE *OPUS*
(PUBLICADAS POSTUMAMENTE)**

- P 1 No. 1, *Polonaise* em Si bemol (1817);
- P 1 No. 2, *Polonaise* em Lá bemol (1821);
- P 1 No. 3, *Polonaise* em Sol sustenido menor (1822);
- P 1 No. 4, *Introdução e Variações* sobre un *lied Allemande* em Mi maior (1826);
- P 1 No. 5, *Polonaise* em Si bemol menor (inspirada em *La Gazza Ladra*, de Rossini) (1826);
- P 1 No. 6, *Introdução, Tema e Variações* em Ré maior sobre um tema de Thomas Moore, para piano a quatro mãos (1826);
- P 1 No. 7, *Mazurca* em Ré maior (1829);
- P 1 No. 8, *Polonaise* em Sol bemol (1829);
- P 1 No. 9, *Lied* em Dó maior (*Jakiez kwiaty, jakie wianki*) (1829);
- P 1 No. 10, *Variações* em Lá maior ("*Souvenir de Paganini*") (1829);
- P 1 No. 11, *Lied* em Ré menor ("Encantamento") (*Czary*) (1830);
- P 1 No. 12, *Valsa* em Mi maior (1829);
- P 1 No. 13, *Valsa* em La bemol (1827);
- P 1 No. 14, *Valsa* em Mi bemol (1829-1830);
- P 1 No. 15, *Valsa* em Mi menor (1830);
- P 1 No. 16, *Noturno* em Dó sustenido menor (1830);
- P 2 No. 1, *Mazurca* em Si bemol (1832);
- P 2 No. 2, *Mazurca* em Ré (1832);
- P 2 No. 3, *Mazurca* em Dó (1833);
- P 2 No. 4, *Mazurca* em Lá bemol (1834);
- P 2 No. 5, *Klavierstuck* em Mi bemol (1837);
- P 2 No. 6, *Klavierstuck* em Si bemol (1834);
- P 2 No. 7, *Prelúdio* em Lá bemol (a Pierre Wolff) (1834);
- P 2 No. 8, *Noturno* em Dó menor (1837);
- P 2 No. 9, *Lied* em Lá menor ("Pensamento") (*Dumka*) (1840);
- P 2 No. 10, *Klavierstuck* em Mi bemol (1840);
- P 2 No. 11, *Valsa* em Lá menor (1843);
- P 2 No. 12, *Moderato* em Mi maior ("Folha do álbum") (1843);
- P 2 No. 13, *Galop* em Lá bemol ("Galop Marquis") (1846);
- P 3 No. 2, *Fuga* em Lá menor (1841-1842);
- D 2 No. 1, *Bourrée No. 1* em Sol maior (1848);
- D 2 No. 2, *Bourrée No. 2* em Lá maior (1846).

Cada um tem sua maneira de ser. A uma vida suntuosamente dispersa, como a de Liszt, opõe-se a de Chopin, toda reservada, que mão alguma soube colher, mas tão mais impregnada de perfumes. Tudo o que ele não pôde dar: seu amor que ninguém aceitou, seu pudor e sua timidez, esta ânsia contínua de perfeição, suas elegâncias, suas nostalgias de exilado, e até seus momentos de comunhão com o incognoscível, tudo isso ficou em sua obra em estado potencial. Tal é, ainda hoje, o segredo de seu prestígio. A música recebeu o que os homens e as mulheres desdenharam. Por ela foi sua renúncia. Como se compreende a desolação de Schumann, quando soube da morte do cisne, e esta bela imagem espontaneamente lhe brotou da pena: "A alma da música passou pelo mundo".

Guy de Pourtalès

REFERÊNCIAS

ANDRADE, Mário de. Atualidade de Chopin. In: ANDRADE, Mário de. *O baile das quatro artes*. São Paulo: Poeteiro, 2016, p. 80-97.

BAL Y GAY, Jesus. *Chopin*. México: Fondo de Cultura Económica, 1959.

BARENBOIM, Daniel. *La musique éveille le temps*. Paris: Fayard, 2008.

BASAGOITI, Rafael Ortega. *Chopin*. Madrid: Alianza, 1995.

BELLMAN, Jonathan D.; GOLDEBERG, Halina (Eds.). *Chopin and his world*. Princeton: Princeton University Press, 2017.

BIDOU, H. *Chopin*. Tradução de Aurélio Pinheiro. Rio de Janeiro: Guanabara, 1935.

BOURNIQUEL, Camille. *Chopin*. Tradução de Élcio Fernandes. São Paulo: Martins Fontes, 1990.

CARPEAUX, Otto Maria. *Uma nova história da música*. 4. ed. Rio de Janeiro: Alhambra, 1977.

CASTRO, Aloysio de. *A expressão sentimental na música de Chopin*: conferência na Sociedade de Cultura Artística de São Paulo. Rio de Janeiro: F. Briguiet e Cia. Editores, 1927.

COMITÉ EXÉCUTIF. *L'anée Chopin 1949 en Pologne*. Varsovie: Merkuriusz, 1949.

CORTOT, Alfred. *Aspects de Chopin*. Paris: Albin Michel, 1949.

CORTOT, Alfred. *In search of Chopin*. Tradução de Cyril e Rena Clarke. Nova York: Dover, 2013.

COSTA, Diana Daher Lopes da. *Polifonia em F. Chopin*: análises e procedimentos de estudo para a interpretação da Sonata nº 2, Opus 35. 2018. Dissertação (Mestrado em Música) – Departamento de Música, Universidade de Brasília, Instituto de Artes, Brasília.

CUNHA, Paes da. *O monumento musical de Chopin*. Rio de Janeiro: Agir, 1947.

DAL FABBRO, Beniamino. *Crepusculo del pianoforte*. Torino: Einaudi, 1951.

EIGELDINGER, Jean-Jacques (Org.). *Frédéric Chopin*: esquisses pour une méthode de piano. Paris: Flammarion, 1993.

EIGELDINGER, Jean-Jacques. *Chopin vu par ses élèves*. Paris: Fayard, 2006.

EISLER, Benita. *O funeral de Chopin*. Tradução de Anna Olga de Barros Barreto. São Paulo: Planeta do Brasil, 2005.

EKIER, Jan; KAMIŃSKI, Paweł (Org.). *Fryderyk Chopin*: Mazurki Op. 6, 7, 17, 24, 30, 33, 41; Mazurek a-moll Gaillard; Mazurek a-moll France Musicale; Mazurki Op. 50, 56, 59, 63. Kraków: Fundacja Wydania Narodowego Polskie Wydawnictwo Muzyczne, Urtext, 2017.

EKIER, Jan; KAMIŃSKI, Paweł (Org.). *Fryderyk Chopin*: Scherza Op. 20, 31, 39, 54. Warszawa: Fundacja Wydania Narodowego Polskie Wydawnictwo Muzyczne, Urtext, 2018.

EKIER, Jan; KAMIŃSKI, Paweł (Org.). *Fryderyk Chopin*: Sonaty Op. 35, 58. Kraków: Fundacja Wydania Narodowego Polskie Wydawnictwo Muzyczne, Urtext, 2017.

FEISTAUER, Enilda Maurell. *A melodia de Frédéric Chopin*. Pelotas: Editora Pelotense, 1977.

FONTANA, Julien (Ed.). *Œuvres posthumes pour piano de Fréd. Chopin*. Paris: Meissonnier Fils, 1855.

FRANCESCHINI, F. *Análise do Estudo de Chopin em dó sustenido menor para piano, Op. 25, n° 7*. São Paulo: Departamento de Cultura, 1941.

FREIRE, Nelson. Com Chopin, em busca da voz do piano que canta. *Jornal O Estado de S. Paulo*, 27 fev. 2010.

GANDELMAN, Saloméa. O gênero estudo e a técnica pianística. *Debates – Cadernos do Programa de Pós-Graduação em Música*, Rio de Janeiro, n. 1, p. 19-27, 1997.

GAVOTY, Bernard. *Frédéric Chopin*. Paris: Club Français du Livre, 1974.

GIACOBBE, Juan Francisco. *Chopin*. 2. ed. Buenos Aires: Ricordi Americana, 1951.

GIBBONS, Jack. Chopin's photograph? JACK GIBBONS BLOG, 1 mar. 2010. Disponível em: http://jackgibbons.blogspot.com/2010/03/chopins-photograph.html. Acesso em: 18 dez. 2019.

GIDE, André. *Notes sur Chopin*. Paris: l'Arche, 1948.

HATTA, Tomohiro. *Sonatas para piano Op. 35 e Op. 58 de F. Chopin, compositor vanguardista*. 2016. Dissertação (Mestrado em Música) – Instituto Politécnico de Castelo Branco, Escola Superior de Artes Aplicadas, Castelo Branco (Portugal).

HIMELFARB, Constance. Interpréter Frédéric Chopin aujourd'hui? *Musicologie*, Montreuil, p. 1-19, dez. 2009.

HOOD, Alison. *Interpreting Chopin*: analysis and performance. Londres: Routledge, 2016.

HOROWITZ, Vladimir. Ballade n° 1 in G Minor, Op. 23. *The Complete Masterworks Recordings*, v. 4: The Legendary 1968 TV Concert.

HUNEKER, James. *Chopin*: the man and his music. Auckland: The Floating Press, 2008.

JONSON, Ashton. *A Handbook to Chopin's Works*. Bremen: Dogma, 2013.

JOSEFFY, Rafael (Ed.). *Frédéric Chopin*: Complete Preludes, Nocturnes and Waltzes. Nova York: G. Schirmer, 2006.

KALKBRENNER, Frédéric. *Traité d'harmonie du pianiste*: principes rationnels de la modulation, pour apprendre à préluder et à improviser. Leipzig: Breitkopf & Härtel, 1849.

KALLBERG, Jeffrey. Chopin and Jews. *In*: BELLMAN, Jonathan D.; GOLDBERG, Halina (Eds.). *Chopin and his World*. Princeton: Princeton University Press, 2017, p. 123-144.

KLECKZYNSKI, Jan. *Frédéric Chopin, de l'interprétation de ses œuvres*. Paris: Félix Mackar, 1880.

KOCZALSKI, Raoul. *Frédéric Chopin*: conseils d'interprétation. Paris: Buchet-Chastel, 1988.

LEIKIN, Anatole. *The Mystery of Chopin's Préludes*. Londres: Routledge, 2015.

LISZT, Franz. *Vita di Chopin*. Tradução de Mary Tibaldi Chiesa. Firenze: Passigli, 2006 [muitas partes da obra foram escritas pela princesa Carolyne Sayn-Wittgenstein, apesar de seu nome não figurar na capa].

LISZT, Franz. *Chopin*. Rio de Janeiro: Americ-Edit., 1945 (Collection "Musique et Musiciens") [muitas partes da obra foram escritas pela princesa Carolyne Sayn-Wittgenstein, apesar de seu nome não figurar na capa].

LISZT, Franz. Concert de Chopin. *Revue et Gazette Musicale de Paris*, v. 8, n. 31, p. 244-245, 2 maio 1841.

MALASPINA, Ann. *Chopin's world*. Nova York: Rosen Publishing, 2008.

MARUN, Nahim. As pesquisas histórias na interpretação de Chopin. *Per Musi – Revista Acadêmica de Música*, Belo Horizonte, n. 31, p. 167-188, jan.-jun. 2015.

MAZZUOLI, Valerio de Oliveira. Elementos-chave na pianística de Frédéric Chopin. *Revista da Academia Mato-Grossense de Letras*, Cuiabá, ano 98, p. 52-71, 2019.

MIKULI, Carl. Chopin, Pianist and Teacher [Foreword]. *In*: Mikuli, Carl (Ed.). *Frédéric Chopin*: Complete Preludes & Etudes. Nova York: Dover Publications, Inc., 1998.

NÉRET, Gilles. *Eugène Delacroix, 1798-1863*: le prince des romantiques. Paris: Taschen, 2004.

NORWID, Cyprian. Necrológio de Chopin. In: SIEWIERSKI, Henryk (Org.). *O piano de Chopin*: uma obra de aproximação. Erechim: Edelbra, 1999.

PADEREWSKI, I. J.; BRONARSKI, L.; TURCZYNSKI, J. (Eds). *Fryderyk Chopin Complete Works*: According to the Autographs and Original Editions with a Critical Commentary (VIII – Polonaises). 33. ed. Warsaw: Instytut Fryderyka Chopina, 2016.

PADEREWSKI, I. J.; BRONARSKI, L.; TURCZYNSKI, J. (Eds). *Fryderyk Chopin Complete Works*: According to the Autographs and Original Editions with a Critical Commentary (XIV – Concertos for piano and orchestra). 23. ed. Warsaw: Instytut Fryderyka Chopina, 2015.

PADEREWSKI, I. J.; BRONARSKI, L.; TURCZYNSKI, J. (Eds.). *Fryderyk Chopin Complete Works*: According to the Autographs and Original Editions with a Critical Commentary (VII – Nocturnes for piano). 20. ed. Warsaw: Instytut Fryderyka Chopina, 1980.

PADEREWSKI, I. J.; BRONARSKI, L.; TURCZYNSKI, J. (Eds.). *Fryderyk Chopin Complete Works*: According to the Autographs and Original Editions with a Critical Ccommentary (III – Ballades). 34. ed. Warsaw: Instytut Fryderyka Chopina, 2017.

PADEREWSKI, I. J.; BRONARSKI, L.; TURCZYNSKI, J. (Eds.). *Fryderyk Chopin Complete Works*: According to the Autographs and Original Editions with a Critical Vcommentary (IV – Impromptus). Warsaw: Instytut Fryderyka Chopina, 1949.

PAHLEN, Kurt. *Diccionario universal de la música*. Buenos Aires: El Ateneo, 1959.

PIANO, Anna. *La vita di Chopin*. Milano: Giovanni De Vecchi, 1969.

PIRES, Escudero. *Prelúdios de Chopin*: sonetos. Rio de Janeiro: Monte Scopus, 1961.

POURTALÈS, Guy de. *Chopin ou le poète*. Paris: Gallimard, 1929.

POURTALÈS, Guy de. *Vida de Chopin*. Trad. Aristides Ávila. São Paulo: Atena, 1959.

ROSENBLUM, Sandra P. Pedaling de Piano: a Brief Survey from the Eighteenth Century to the Present. *Performance Practice Review*, v. 6, n. 2, p. 158-178, 1993.

ROSENBLUM, Sandra P. *Performance Practices in Classic Piano Music*: Their Principles and Applications. Bloomington: Indiana University Press, 1988.

ROSENBLUM, Sandra P. Some enigmas of Chopin's pedal indications: hat do the Sources Tell Us? *Journal of Musicological Research*, v. 16, n. 1, p. 41-61, 1996.

SAMSON, Jim. (Ed.). *The Cambridge Companion to Chopin*. Cambridge: Cambridge University Press, 1992.

SAMSON, Jim. *The Music of Chopin*. Oxford: Clarendon Press, 1994.

SCHLESINGER, Hugo. *A música e o amor na vida de Chopin*. São Paulo: Clube do Livro, 1968.

SIEWIERSKI, Henryk (Org.). *O piano de Chopin*: uma obra de aproximação. Erechim: Edelbra, 1999.

SMIALEK, William. *Frédéric Chopin*: a Guide to Research. Nova York: Garland, 2000.

SYDOW, Bronislas Édouard (Org.). *Correspondência de Frédéric Chopin*. Tradução de Zuleika Rosa Guedes. Porto Alegre: Editora da UFRGS, 2007.

TEMPERLEY, Nicholas. *Chopin*. Tradução de Celso Loureiro Chaves. Porto Alegre: L&PM, 1989.

VIEIRA, Amaral. Interpretar bem o compositor é desafio de uma vida inteira. *Folha de S. Paulo*, Caderno "Ilustrada", 16 out. 1999.

VOGAS, Cristiano de Abreu Buarque. *Prelúdios Op. 28 de Chopin*: uma análise das indicações do pedal do compositor. 2014. Tese (Doutorado em Música), Universidade de São Paulo, Escola de Comunicação e Artes, São Paulo.

WHEELER, Opal. *Frédéric Chopin*: o filho da Polônia (últimos anos). Tradução de Miroel Silveira e Isa Silveira Leal. 2. ed. São Paulo: Melhoramentos, [s.d.].

WIERZINSKY, Casimir. *Chopin*. Tradução de Carlos Gomes da Costa. Lisboa: Aster, [19--].

WILLIS, Peter. *Chopin in Britain*. Nova York: Routledge, 2018.

WISNIK, José Miguel. O piano de Chopin. *Ensaios*, Orquestra Sinfônica do Estado de São Paulo, p. 1-5, maio 2010.

WISNIK, José Miguel. Chopin e os domínios do piano. *Teresa – Revista de Literatura Brasileira*, v. 12-13, p. 14-46, São Paulo, 2013.

WITT, Michal *et al.* A Closer Look at Frederic Chopin's Cause of Death. *The American Journal of Medicine*, v. 131, n. 2, p. 211-212, fev. 2018.

WOLFRAM, Victor. *The Sostenuto Pedal*. Stillwater: Oklahoma State University, 1965

◎ editoraletramento
🌐 editoraletramento.com.br
ⓕ editoraletramento
in company/grupoeditorialletramento
🐦 grupoletramento
✉ contato@editoraletramento.com.br
♪ editoraletramento

🌐 editoracasadodireito.com.br
ⓕ casadodireitoed
◎ casadodireito
✉ casadodireito@editoraletramento.com.br